はじめてでもわかる
簿記と経理の仕事

の仕事 '24～'25 年版

成美堂出版

はじめに

　ここ数年で、経理の仕事をとり巻く環境は大きく変わりました。私が新卒で初めて配属されたのは、大企業の製造現場の経理部でした。そのときは、まだ会計ソフトへの入力はほぼすべて手作業で行われていました。

　しかしその後、クラウド型の会計ソフトが登場し、銀行口座やクレジットカードと連携させて自動で仕訳を行う機能、さらにはとり込まれたデータからAIが勘定科目を予測してくれる機能なども搭載され、それまで手作業で行っていたような仕事は、どんどんコンピュータに置き換わるようになりました。

　それでは、これから経理の仕事はなくなるのでしょうか？　ご心配なく。そんなことはありません。企業の経理部からキャリアをスタートし、税理士として多くの企業の経理の現場を見てきた私が断言します。

　どれだけ便利になっても、コンピュータができるのは入力のサポートまでです。コンピュータに任せて自動的に出力された決算書を、業績の判断に使うことはできないでしょう。コンピュータは人間の指示で入力されたものを高速で計算することは得意ですが、それが正しいかどうかを判断することはできません。やはり、最後に会社の数字をつくるのは人の手になります。

　そして、正しいかどうかを判断する基礎になるのが「簿記」です。簿記の知識なくして、正確な仕訳を行うことはできません。できあがった帳簿や書類に間違いがないかどうかをチェックすることもできません。コンピュータがどんなに優秀になっても、経理の仕事に簿記の知識は欠かせないのです。

　「神は細部に宿る」という言葉がありますが、これからは入力についてはコンピュータがサポートしてくれる分、より細かい部分、たとえば売上を計上するタイミングは合っているのか、正しい勘定科目で仕訳されているか、などといったことをより深く理解し、数字に落とし込んだり、社内外の人に説明できたりするスキルが必要になるでしょう。

　こうした実務上の重要ポイントは、必ずしも簿記試験の対策テキストには載っていません。簿記の知識は経理の仕事において必要不可欠ですが、それだけでは十分ではないのです。

　本書では、簿記の知識を土台にしつつ、経理の実務において重要なポイントを総合的にまとめて解説しています。本書を読むことで、経理実務に必要な知識や実務上のポイントが、しっかりと理解できると確信しています。

渋田 貴正

も　く　じ

第1章　まずはこれだけ！　簿記の基礎知識

第2章　簿記の流れと帳簿の種類

🖩 第3章 勘定科目と仕訳のルール

第4章　決算整理と決算書

第5章　毎日・毎月・毎年の経理の仕事

第6章　会社の数字を経営に活かす

※本書は原則として 2024 年 6 月時点の情報に基づき編集しています

第1章

まずはこれだけ！簿記の基礎知識

簿記の知識は、経理の仕事に携わるうえで欠かせないものです。
まずは簿記の目的や基本的な用語を押さえましょう。

簿記とは何か

経理といえば、簿記というイメージがあります。簿記や経理の知識・スキルが、実際の業務でどのように役立ってくるのか見ていきましょう。

簿記は経理の仕事に必須のスキル

　簿記とは、一定のルールのもとで会社の日々の取引を記録して、帳簿に記入し、集計・管理することです。最終的に決算書を作成するまでのプロセスを行うための方法でもあります。経理の仕事は、経費精算から代金回収のチェック、固定資産の管理など多岐にわたります。

　そして、いずれの業務も**仕訳**に行きつきます。仕訳とは、**会社が行った日々の取引を、簿記のルールに従って決算書の項目に当てはめる処理**であり、簿記の基本です。詳しくはP.20と第3章で解説します。こうした仕訳を集計して、決算書が出来上がります。簿記のスキルは、経理のあらゆる業務の土台になるものなのです。

簿記・経理の仕事の流れ

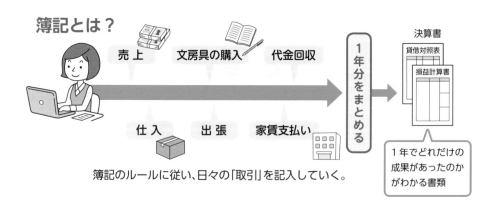

簿記とは？

売上　文房具の購入　代金回収

仕入　出張　家賃支払い

簿記のルールに従い、日々の「取引」を記入していく。

1年分をまとめる

決算書
貸借対照表
損益計算書

1年でどれだけの成果があったのかがわかる書類

🏢 キャリアチェンジや経営判断にも役に立つ

　簿記の知識の必要性は、経理の仕事だけにとどまりません。経営者が会社の決算書を見る際、簿記の知識があれば、内容をより理解しやすくなります。また、経理部で働いている人が、経営企画部など経営により近いポジションにキャリアチェンジしたいときにも、簿記の知識は役立ちます。

　会社が掲げるビジョンを実現するためには、利益を出して会社にお金をためていかなければなりません。会社は利益を出して、初めて健康的な経営ができます。

　もし利益が出なければ、どこに問題があるのかを探らなければいけません。そのときの判断材料の１つが、**決算書**です。**同業他社の決算書と比較したり、自社の数年分の決算書を比較したりして、どのようなところに問題があるのかを見るのに決算書が活用できます。**その際、簿記の知識があれば、決算書をより深く、正確に読みとれるようになります。

　簿記の資格試験で問われるような、細かいルールまで理解する必要はありませんが、たとえば「売掛金＝売ったけど未回収の代金」のように、各項目の意味を知っておくだけでも、決算書の見え方が変わってくるでしょう。

簿記の知識で決算書を読む

簿記の知識があれば、決算書から会社の利益や財政状態を読みとれるようになる。

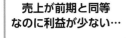
売上が前期と同等なのに利益が少ない…

当期は売上が減ってしまった…

交際費や会議費、消耗品費などの費用が増えているからだ。無駄な費用を減らせないか検討しよう。

もう少し営業費や広告費を使って売上アップの計画書をつくって、営業に力を入れよう。

簿記のゴールは決算書

簿記の基本は仕訳です。そして、この仕訳を集約したものが決算書です。決算書の作成は、まさに経理の腕の見せどころといえます。

決算書の作成は経理の一大イベント

経理の仕事にとって、一大イベントは**決算書の作成**です。**年に一度、1年間の収益や費用などを集計して、決算書の形に落とし込みます。**日々の仕訳（→ P.20）も、最終的にはこの決算書を作成するために行っているといっても過言ではありません。毎日・毎月の仕訳が正しく行われていれば、それを集計した決算書も正しいものになります。

実際には会計ソフトを使っていれば、仕訳の集計自体は会計ソフトが行ってくれます。経理の仕事は、その集計結果をチェックすることです。

しかし、1年間に作成する仕訳は大量にあります。入力ミスをした場合もそのまま反映されてしまったり、多少間違った仕訳が作成されたりすることもあるでしょう。集計された決算書に、どこか異常値が発見されることがあります。**こうした異常値の原因を調べて、修正していくのは経理の重要な仕事の1つです。**

＋1 試算表をつくり、月次決算を行う

しっかりと経理を行っている会社であれば、月次決算で月ごとに業績を集計します。月次決算とは、1年間ではなく、月1回決算書を作成する作業です。毎月作成する決算書を試算表（→ P.38）と呼びます。毎月試算表を作成していれば、決算書の正確性も格段に上がります。

決算書は経営者の経営判断にも使われますし、納税額を計算するためのベースになります。それだけに、正確性が非常に重要なのです。

決算書は経営判断をする１つの材料

経営者が経営判断する際にも、決算書は役に立ちます。
決算書は、主に**損益計算書**（そんえきけいさんしょ）と**貸借対照表**（たいしゃくたいしょうひょう）に分かれます。

📄 **損益計算書**	📄 **貸借対照表**
収益と費用の差から、利益を計算した書類。	決算日時点でどれだけの資産があり、どのくらいの債務を負っているのかをまとめた書類。

損益計算書は簿記がわからなくても、ある程度の内容は理解できるかもしれません。一方、貸借対照表は売掛金（まだ回収されていない代金）や前受金（まだ仕事が完了していないが、すでに受けとった代金）など、簿記特有の考え方が反映されています。

簿記の考え方を学んでいないと、現金の動きを中心に考えがちです。資金繰りを考える経営者にとっては、いつお金が入ってくるのかが大事ですので、当然のことかもしれません。

それならば損益計算書だけ見ていればよいのかというと、そうではありません。決算書は簿記の考え方が反映されており、必ずしも実際のお金の動きだけを追っているわけではありません。**会社にどのくらいの資産があり、支払いがいくら残っているのかを把握しておくことも、経営者にとって重要なことです。こうした情報を確認するには、貸借対照表を見る必要があります。**

決算書の作成が１年の締めくくり

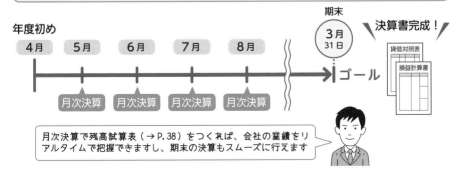

月次決算で残高試算表（→P.38）をつくれば、会社の業績をリアルタイムで把握できますし、期末の決算もスムーズに行えます

会計期間

会計期間とは、決算を行う期間のこと。決算とは、経理のもっとも重要な
仕事の1つで、1年間の「取引」を集計して決算書としてまとめることです。

🏢 決算を行う1年間を会計期間という

　決算は、通常1年ごとに行います。12ヵ月決算の会社であれば、たとえ
ば4月1日から3月31日までを1つの期間として決算を行うのです。この
区切られた1年間を**会計期間**といいます。**そして、会計期間の初日を「期首」、
最終日を「期末」、会計期間中を「期中」といいます。**期末は**決算日**という
こともあります。

会計期間にかかわる言葉をおぼえておこう

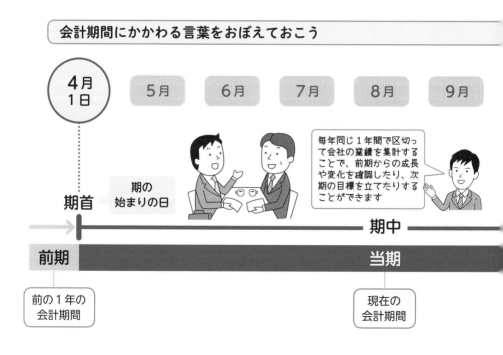

4月
1日

5月　6月　7月　8月　9月

毎年同じ1年間で区切っ
て会社の業績を集計する
ことで、前期からの成長
や変化を確認したり、次
期の目標を立てたりする
ことができます

期首

期の
始まりの日

期中

前期

当期

前の1年の
会計期間

現在の
会計期間

会社の決算月は任意で決められる

　決算月というと、12月や3月といったイメージをもつ人も多いかもしれません。上場企業では12月や3月が決算月であることが多いのですが、**会社の決算月は任意で決められるので、会社によって違います。** 1月から12月までの1年中、日本のどこかの会社で決算が行われているのです。ただし、個人事業者の場合は、1月1日から12月31日までと決められています。

用語Check 会計期間と事業年度の違い

　会計期間と似た言葉に、事業年度があります。簿記の世界では「会計期間」と呼ぶところを、法人税などの税金の世界では「事業年度」と呼ぶのです。意味はほぼ同じと思ってOKです。

10月　11月　12月　1月　2月　3月31日

期の終わりの日　期末（決算日）

次期

次の1年の会計期間

簿記上の取引

簿記における「取引」という言葉には、日常のビジネスで使われる取引とは異なる独自の意味があります。

簿記の「取引」は日常での意味とは違う

　取引という言葉は、何かしらの交渉や契約の締結、商品の受け渡しなど、さまざまなビジネスシーンで使われます。ただし、簿記でいう「取引」は意味が異なります。

　簿記の「取引」は、お金やモノ、サービスが動くことを指します。「取引」があれば、その結果を会計帳簿に記録します。会社のお金やモノなどが増えたり減ったりといった事業活動を、お金の形で表すのです。

　お金やモノなどが何も動いていない状態では、簿記の「取引」には当たらず、その段階では会計帳簿に記入されません。一方、商品の盗難や火災などによる焼失、社用車の事故などは、会社が所有するモノの増減となるので、簿記の「取引」に当たり、帳簿に記入されます。

契約成立と「取引」の時期がずれる場合は注意する

　たとえば、取引先と交渉の結果、自社商品の納品が決まり、契約書が交わされたとします。ビジネス上、取引成立と考えるでしょう。しかし、簿記としては、実際に納品がされて初めて売上を計上することになります。**簿記においては、契約が成立したときではなく、商品が納品されたり、代金が回収されたりしたときに「取引が発生した」となるのです。**

　ですから、契約成立と納品・代金回収の時期がずれる場合は、注意が必要です。

「取引」が発生するとき、しないとき

簿記でいう「取引」とは、会計帳簿に記入されるお金やモノの増減を指す。下記の例で見てみよう。

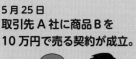

5月25日
取引先A社に商品Bを
10万円で売る契約が成立。

➡ ✕ **簿記上の「取引」は 発生しない**

6月10日
取引先A社に商品Bを
納品した。

➡ ◯ 簿記上の「取引」が発生した！
**在庫が減り↘
売上が増えた↗**

7月30日
取引先A社から10万円が
入金された。

➡ ◯ 簿記上の「取引」が発生した！
**売掛金を回収し↘
現金・預金が増えた↗**

会社の業績を正確に測ったり、過去の業績などと比較したりするうえでも、統一された簿記上のルールで処理することが重要です

用語 Check 簿記特有の言葉や言い回しに慣れておこう

本書では、今後も「取引」と出てきたら、それは簿記での「取引」を指します。「取引」以外にも「借方」や「貸方」など、簿記や経理の仕事には独特の言い回しがあります。日常では聞き慣れない言葉ですが、こうした特有の用語に慣れていきましょう。

取引の二面性

経理の仕事は、「モノが売れた」「代金を取引先から回収できた」などのように、取引を2つの出来事で考えます。その2つの面を「仕訳」の形で表します。

借方と貸方という2つの側面で捉える

簿記で重要な言葉に、**借方**と**貸方**があります。この言葉に深い意味はなく、そういう言葉だと思っておけばOKです。借方と貸方の2つの側面で取引を捉えるというのは、経理独特の考え方です。

モノを代金後払いで売った場合、売上として計上する一方、代金は未回収なので、取引先への債権として帳簿に記入をしなければいけません。これを**仕訳**（→ P.20）といいます。

別の見方をすれば、取引の「原因」と「結果」を記録していると見ることもできます。商品を販売して在庫が減ったという「原因」により、売掛金が増加するという「結果」がもたらされたということです。

「原因」「結果」というとややこしく感じるかもしれませんが、簿記に慣れてくれば、パッと仕訳が頭に思い浮かんでくるようになります。

増える・減るという取引の二面性で考える

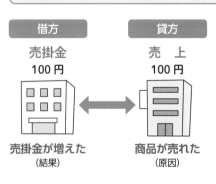

現金や売掛金など何かが増減したら、その対になるものが増減する。

これが簿記でいう「取引」で、必ず相手がいます

単式簿記と複式簿記という考え方がある

簿記には、**単式簿記**と**複式簿記**という考え方があります。

単式簿記とは、基本的に現金ベースで取引を考えます。「お金が入れば収益」「お金が出ていけば費用」とする、まさに家計簿的な感覚です。お金が動くまで取引が発生しないことになるため、すべて現金で取引している会社でもないかぎり、正確な業績を把握することができません。

一方、**複式簿記とは貸方と借方のように、取引を二面で捉えていく方法です。**経理の仕事で簿記といえば、複式簿記を指します。現金取引だけでなく代金後払いでの契約など、あらゆる取引を記録するのに向いています。

単式簿記＝現金ベースの取引、複式簿記＝二面性の取引

現金の動きだけを記入していく。

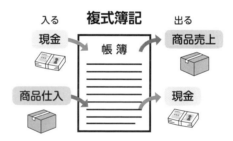

二面性で考えて記入していく。

プラス1 クレジットカードに見る取引の二面性

クレジットカードの例で、複式簿記のしくみを見てみましょう。毎月末締めで、翌月25日払いとします。このとき、「毎月末日にクレジットカード会社への債務が確定し、翌月25日に支払われるだろう」と考える人は少ないと思います。これが経理の世界では、

・毎月の締日（厳密には各利用日）にクレジットカード会社への債務が発生し、その時点でサービスを受けたので一度取引が発生する。
・実際に代金を支払う25日にお金が動くので、もう一度取引が発生する。

となります。お金は1回しか動きませんが、取引は2回発生するのです。

取引を記録する仕訳

仕訳は、経理の仕事をするうえで、もっとも基本的かつ重要なものです。
会社の成績表である決算書も、仕訳の積み重ねによって作成されます。

🏢 仕訳は経理の基本

　仕訳とは、さまざまな取引を数字で記録することです。仕訳は、借方（かりかた）と貸方（かしかた）に分かれます。**借方を左側、貸方を右側として、それぞれ増減した項目と金額を記入します。**

仕訳例
💻 4月1日にボールペン1本を現金100円で買った。

	借　　　方		貸　　　方	
4/1	消　耗　品　費	100	現　　　　金	100

相手科目の消耗品費を借方
（左側）に記入する。

今回は現金が減少したので
貸方（右側）に書く。

こうした仕訳の詳しい手順は、次ページで解説します

先に現金を考える

　この形で表します。簿記の勘定科目でもっとも基本的なものは、現金や預金です。**現金や預金はプラスになれば借方（左側）、マイナスになれば貸方（右側）に記入する**ルールになっています。「こういうふうに決まっているのだ」と、理屈を考えずおぼえてしまいましょう。まずは、この現金や預金のルールをしっかりと理解してください。

🏢 仕訳で重要なのは取引を正確に反映させること

　仕訳の形はシンプルで、誰でも簡単におぼえられます。会計ソフトの入力サポート機能などを使えば、仕訳の形は出来上がるようになっています。
　仕訳で重要なのは、形をおぼえることではありません。**取引を正確に反映させることです。**先ほどのボールペンの例は単純ですが、たとえば、代金後

払いで商品を仕入れた場合、仕入の仕訳をするのは代金を後払いしたときではなく、商品を仕入れたときです。

　代金を後払いにしたときに、下のような仕訳をしてしまうと、取引を正確に反映しているとはいえません。

誤った仕訳

✖ 100円分の商品を代金後払いで仕入れた

借　　方		貸　　方	
4/5	仕　　　　入　100	現　　　　金　100	

> 支払いはまだ済んでいないのに、すでに現金が減ったように記入される

　家計簿をつけるのであれば、こうした現金中心の記録でもよいかもしれません。しかし、経理をするのであれば、次のような正確な仕訳が必要です。

正しい仕訳

◯ 100円分の商品を代金後払いで仕入れた

仕訳例
🖥 仕入をしたとき：4月5日に100円分の商品を代金後払いで仕入れた。

借　　方		貸　　方	
4/5	仕　　　　入　100	買　掛　金　100	

> まだ代金を支払っていないので、現金ではなく買掛金という勘定科目で処理

仕訳例
🖥 お金を支払ったとき：4月30日に後払いだった代金100円を支払った。

借　　方		貸　　方	
4/30	買　掛　金　100	現　　　　金　100	

> 実際に現金を支払ったときに、現金で処理。相手科目は買掛金となり、買掛金が減る処理がなされる

→ 2段階の仕訳で処理する！

　P.19で述べたように、「仕入れたとき」「お金を支払ったとき」の2回、取引が発生し、その取引が正確に仕訳されました。

　決算書の数字は、いきなり出てくるわけではありません。こうした日々の仕訳の数字を集計して、最終的に決算書の形になるのです。正確な仕訳を積み上げることで、正確な決算書が出来上がります。だからこそ、日々の仕訳が重要なのです。

簿記の5つのグループ

簿記では、いろいろな勘定科目が登場します。勘定科目とは、「現金」「売上」「仕入」などのことです。勘定科目は性質によって、5つのグループに分けられます。

すべての取引が5つのグループに当てはまる

簿記では、あらゆる取引を「現金100」「仕入100」などのように、**勘定科目と金額の組み合わせ**で表します。勘定科目は大きく分けて、**資産・負債・純資産・収益・費用**の5つのグループに分けられます。

この5つのグループは決算書の構成に合わせて、**貸借対照表に含まれるもの（資産・負債・純資産）**と**損益計算書に含まれるもの（収益・費用）**に分かれます。

5つのグループは2つの班に分けられる

5つのグループが貸借対照表と損益計算書のどちらに対応するか、押さえておきましょう

貸借対照表を構成する資産・負債・純資産

　貸借対照表を構成するグループ、つまり資産・負債・純資産を見てみましょう。それぞれの意味がわかれば、貸借対照表がどのようなものなのかがつかみやすくなります。

資　産	現金・預金など、プラスの財産。自動車などの固定資産、未回収の売上代金（売掛金）のような債権も、会社にとってプラスの財産なので資産になる。
負　債	借入金など、マイナスの財産。主にいずれ支払わなければならないお金が、負債として決算書に表示される。未払いの仕入代金（買掛金）のような債務も負債になる。
純資産	資産と負債の差額。将来的に返済しなければならない借入金などの負債を差し引くとほぼ0円になるのであれば、どれだけ資産があっても、実質的な資産はほぼ0円。純粋な資産という意味で、資産と負債の差額を表している。

貸借対照表の構成

　貸借対照表は、資産・負債・純資産に含まれる勘定科目を一覧にしたものです。決算日など、特定の一定時点での状態を表します。

　純資産＝資産－負債なので、**資産＝負債＋純資産**という関係になります。そこで、貸借対照表は**資産を左側**、**負債＋純資産を右側**に表示します。

借　方	貸　方
資　産	負債
	純資産

　この左側と右側の関係は重要です。仕訳で説明した借方が左側、貸方が右側という関係は、そのまま貸借対照表に反映されています。

　つまり、**仕訳を行う際、資産が増える場合は借方、減る場合は貸方に記入します。** 一方、**負債が増える場合は貸方、減る場合は借方に記入するのです。** 仕訳の左右がわからなくなったときは、この貸借対照表の形を思い出しましょう。

23

損益計算書を構成する収益・費用

次に損益計算書を構成するグループである、収益と費用について見てみましょう。やはり、損益計算書を見るときに役立ちます。

収益	売上などで儲けたお金。売上以外には受けとった利息、各種の補助金や助成金などが当てはまる。
費用	事業を行ううえでかかるお金。仕入や従業員への給料、オフィスの家賃、購入した備品代など。

損益計算書の構成

損益計算書は、会計期間中に発生した収益や費用を1つの表にしたものです。**収益から費用を引くことで、1会計期間で生み出した利益（マイナスであれば損失）**を計算します。

借方	貸方
費用	**収益**
利益（プラスであれば）	損失（マイナスであれば）

＋1 それぞれの左右にある場所が陣地

たとえば、資産は貸借対照表の左側にあります。ですので、左側（借方）が陣地と考えてみましょう。仕訳時、資産である現金が増えた場合、資産がプラスになるので陣地である左側に記入します。一方、現金が減ったときは、資産がマイナスになるので陣地とは逆の右側に記入します。収益や費用の場合は、損益計算書を見て陣地を確認しましょう。考え方は同じです。

資産がプラスになったら、陣地である左（借方）に記入！

借方	貸方
資産	負債
	純資産

資産がマイナスになったら、陣地の反対側である右（貸方）に記入！

第2章

簿記の流れと帳簿の種類

日々の取引を仕訳して帳簿に記入された数字が、年1回の決算書に
反映されます。そうした簿記の流れと、使用する帳簿の種類を知りましょう。

取引から決算書までの簿記の流れ

経理の仕事の最終ゴールは、決算書を作成すること。日々の仕訳から、決算書ができるまでの流れを見てみましょう。

簿記は仕訳に始まり、決算書に終わる

　会計ソフトの使用が当たり前となった現在では、取引を入力すれば必要な帳簿に情報が反映されます。そのため、仕訳がどのようなプロセスで決算書の形になるのかを意識している人は多くないかもしれません。**ただし、決算書が出来上がるまでのプロセスを知っておくと、日々の業務がどのように決算書の数字につながるのかを理解することができます。**

> ### 簿記の大きな4つのステップ

 ステップ1　　取引を仕訳帳に記入する　`毎日`

ステップ2　　仕訳を総勘定元帳の形にまとめる　`毎日`

 ステップ3　　毎月の数字を試算表の形で集計する　`毎月`
（月次決算）

 ステップ4　　毎月の数字を積み重ねて、年1回決算書を作成する　`毎年`

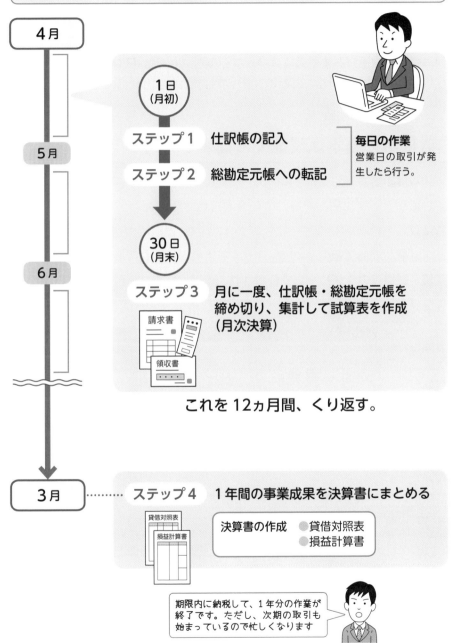

簿記の流れと手順（会計期間が 4 〜 3 月の場合）

4月

1日（月初）

ステップ1　仕訳帳の記入

ステップ2　総勘定元帳への転記

毎日の作業
営業日の取引が発生したら行う。

5月

30日（月末）

ステップ3　月に一度、仕訳帳・総勘定元帳を締め切り、集計して試算表を作成（月次決算）

請求書

領収書

6月

これを 12ヵ月間、くり返す。

3月　………　ステップ4　1年間の事業成果を決算書にまとめる

貸借対照表

損益計算書

決算書の作成　　●貸借対照表
　　　　　　　　●損益計算書

期限内に納税して、1年分の作業が終了です。ただし、次期の取引も始まっているので忙しくなります

27

取引を仕訳帳に記入する

決算書が出来上がるまでの4ステップのうち、もっとも重要なのは仕訳です。仕訳が正確に行われれば、あとのステップは流れるように進んでいくでしょう。

🏢 仕訳の基本は現金でおぼえる

　仕訳は、借方（左側）と貸方（右側）の形で行います。もっともわかりやすい取引として、商品を売って代金を現金で受けとるケースで考えてみましょう。

　まず思い出してほしいのが、P.23で述べた貸借対照表の形です。**資産・負債・純資産の3グループで構成され、資産は左側に表示され、借方が陣地になります。**

借　方	貸　方
資　産	負債
	純資産

　ということは、**会社の資産である現金が増えるときは、陣地である左側の借方に記入**します。そして、その相手科目となる売上を右側の貸方に記入するのです。

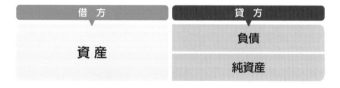

	借　　方		貸　　方		現金
4/10	現　　金	100	売　　　上	100	➕増 ⬅左

　反対に、現金で商品を仕入れた場合は、**現金が減るので右側の貸方に記入**します。あとは相手科目である仕入が、自動的に左側に来ることになります。

	借　　方		貸　　方		現金
4/20	仕　　入	100	現　　金	100	➖減 ➡右

まずは、「**現金が増えれば左**」とおぼえましょう。そうすれば、「**現金が減れば右**」ということも同時におぼえられます。

現金で取引したときは現金を先に考える

 現金が増えた | 借方 | 帳簿 | 貸方 | 現金が減った
資産が増えたとき / 資産が減ったとき

これが基本

実際には、掛け取引のように後払いのケースもよくあります。その場合は、現金と同じく売掛金も資産グループなので、「**現金が増えれば左**」を、「**売掛金が増えたら左**」と置き換えて考えれば OK です。

🏛 現金以外の資産も同じグループで考える

現金以外の資産がプラスになった場合も、基本的に考え方は同じです。たとえば、売掛金は商品・サービスを提供したあと、後日代金を回収するものです。現金と同じ資産グループに含まれます。

「現金が増えれば左」➡「売掛金が増えたら左」
と置き換えて仕訳をすれば OK！

仕訳例
🖥 **4月10日に商品100円を売り上げ、代金は掛けとした。**

	借　方		貸　方	
4/10	売　掛　金	100	売　　　上	100

売掛金
➕増 ⬅左

用語
Check　**掛け取引ってなんだ？**

掛け取引とは、後払いで商品・サービスを売買することです。後払いで買うことを「買い掛け」といい、その代金は「買掛金」となります。後日、支払うお金になります。一方、後払いで売ることを「売り掛け」といい、その代金は「売掛金」となります。後日、回収するお金です。

🏢 相手となる勘定科目を当てはめる

あとは、取引の内容に応じて、「売上」「仕入」など資産（現金や売掛金など）の相手となる勘定科目を選択していけば仕訳は完成です。

実務では、この相手の勘定科目を考えるのが重要になります。**会計のルールに基づいて判断していく部分であり、経理の腕の見せどころです。**相手の勘定科目を判断する方法は、第3章で詳しく見ていきます。

代金回収時に使用される主な勘定科目

商品・サービスを販売した代金を回収した際に使用する勘定科目は、現金をはじめ以下のものがある。

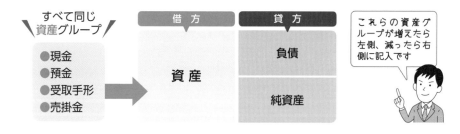

すべて同じ資産グループ
- ●現金
- ●預金
- ●受取手形
- ●売掛金

借　方	貸　方
資　産	負債
	純資産

これらの資産グループが増えたら左側、減ったら右側に記入です

🏢 仕訳は仕訳帳の形で管理する

日々の仕訳は、**仕訳帳**で管理します。**仕訳帳とは、単純に毎日の仕訳を日ごとに並べたものです。**会計ソフトを使えば、仕訳を入力すると自動的に仕訳帳が出来上がります。

日々の仕訳をするうえで、勘定科目や金額以外にも大切な項目があります。**摘要欄**です。**摘要欄とは、仕訳の内容を記録しておくものです。**仕訳は請求書やレシートなどをもとに入力しますが、紙の書類はいったんファイリングしてしまうと、あとでとり出して内容を確認するのが面倒です。そこで、**摘要欄に取引の内容を記入しておくことで、後日、確認事項が発生した場合に参照しやすくなります。**

また、摘要欄を記入する際には、改めて請求書などを見てその記載事項を確認することになります。これは仕訳が正しく記入されているか、再確認する意味でも重要です。

　誰が見ても内容を確認できるように、記入する際に一定のルールを設けておくことが大切です。たとえば、「取引先＋取引内容」といった形です。

仕訳帳で実際の仕訳例を見てみよう

仕訳帳　毎日の仕訳を日ごとに並べたもの。

仕訳帳の一般的なスタイル
● 1つの取引につき、3行を使って記入する
　（借方の勘定科目、貸方の勘定科目、取引状況の3行）。
● 勘定科目が増えたら、新たな行を使用する。
● 1つの取引を記入し終わったら、罫線（けいせん）で区切る。

摘要欄の1行目の左側に、借方の勘定科目を記入する

2行目の右側に、貸方の勘定科目を記入する

1つの取引で、借方と貸方の金額が同額になる

仕 訳 帳

令和○年		摘　　要	仕訳番号	借　方	貸　方
4	5	（消耗品費）		100	
		（現　　金）			100
		文房具店ボールペン @¥10 を 10 本購入			
	7	（仕　　入）		500	
		（買　掛　金）			500
		A工業から商品乙 @¥100 を 5つ仕入			
	10	（現　　金）		2,000	
		（売　　上）			2,000
		B商店へ商品甲を @¥200 で 10 個売上			
	15	（買　掛　金）		500	
		（現　　金）			500
		A工業へ買掛金の支払い			
	25	（給　　料）		100,000	
		（普通預金）			100,000
		従業員への給料の支払い			

3行目には、相手先・単価・数量など、簡潔に取引内容を記入する

仕訳を総勘定元帳の形にまとめる

仕訳ができたら、次は総勘定元帳の形でまとめます。総勘定元帳とは何か、どのような形式なのかを見ていきましょう。

🏢 勘定科目ごとに取引を分類した「総勘定元帳」

　仕訳帳は、日々の取引を並べたものです。日々の仕訳を一覧で確認するのに便利です。ただし、たとえば「売掛金の動きだけを見たい」など、特定の勘定科目の金額や動きだけを確認したいときには面倒です。

　そこで作成するのが、**総勘定元帳**です。総勘定元帳には、**勘定科目ごとの日付、相手の勘定科目、金額、摘要といった仕訳帳の情報をまとめます。**省略して、**元帳**とも呼びます。

　総勘定元帳は、勘定科目ごとの明細である**勘定口座**からできています。「現金」「売掛金」「仕入」「消耗品費」など、使っている勘定科目の数だけ勘定口座ができるということです。たとえば、売掛金の元帳を見れば、売掛金がどのように動いたかが一目でわかります。

総勘定元帳のしくみ

取引日を記入 ／ 現金の勘定口座という意味 ／ 元帳のページ数

総勘定元帳
現　　　金　　　　　　　　　　　　　　　1

令和○年	相手科目	摘　要	仕訳番号	借　方	貸　方	残　高

取引の相手科目を記入 ／ 相手先などの取引内容を簡潔に記入 ／ 仕訳ごとにつけられる番号を記入 ／ 借方の金額を記入 ／ 貸方の金額を記入

総勘定元帳の記入例

資産

現　金　　こうした勘定科目ごとにつくられる　　1

令和○年		相手科目	摘　要	仕訳番号	借　方	貸　方	残　高
4	1		前期繰越				300,000
	5	消耗品費	文房具店　ペン (@100 × 10本)	404053		1,000	299,000
	10	売　上	A社へ商品○×を販売 (@2,000 × 5個)	404102	10,000		309,000
	15	売　上	C社へ商品△□を販売 (@5,000 × 10個)	404156	50,000		359,000

現金は増えたら借方（左）、減ったら貸方（右）なので、残高に対して借方に記入した金額は加算し、貸方に記入した金額は減算する

負債

買　掛　金　　15

令和○年		相手科目	摘　要	仕訳番号	借　方	貸　方	残　高
4	1		前期繰越				250,000
	18	普通預金	D社へ商品★☆の支払い (@1,000 × 20個)	404183	20,000		230,000
	24	仕　入	E社から商品◆◇を仕入 (@1,200 × 10個)	404245		12,000	242,000

買掛金は増えたら貸方（右）、減ったら借方（左）なので、残高に対して貸方に記入した金額は加算し、借方に記入した金額は減算する

収益

売　上　　20

令和○年		相手科目	摘　要	仕訳番号	借　方	貸　方	残　高
4	1		前期繰越				0
	5	売掛金	商品××を販売 (@1,000 × 25個)	404054		25,000	25,000
	10	現　金	A社へ商品○×を販売 (@2,000 × 5個)	404102		10,000	35,000
	15	現　金	C社へ商品△□を販売 (@5,000 × 10個)	404156		50,000	85,000

売上は増えたら貸方（右）、減ったら借方（左）。基本的に残高に加算されるが、返品等があった場合は減算される

費用

消　耗　品　費　　32

令和○年		相手科目	摘　要	仕訳番号	借　方	貸　方	残　高
4	1		前期繰越				0
	5	現　金	文房具店　ペン (@100 × 10本)	405053	1,000		1,000
	26	買掛金	成々印刷社　角形A4号封筒 (3,000部)	404263	70,000		71,000

消耗品費は増えたら借方（左）、減ったら貸方（右）。基本的に残高は増えていく

仕訳帳から内容をそのまま転記する

　総勘定元帳は、仕訳帳をもとにつくります。**仕訳帳の貸方（右側）にある勘定科目は総勘定元帳の右側に転記し、借方（左側）にある勘定科目は総勘定元帳の左側に転記します。**

　左右が完全に対応しているので、さほど悩まずにできるでしょう。このように仕訳帳から総勘定元帳へ転記することを、**元帳転記**と呼びます。

仕訳帳から総勘定元帳への転記の考え方

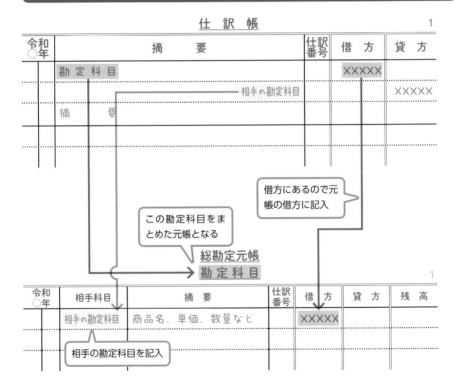

仕訳帳から総勘定元帳への転記の仕方

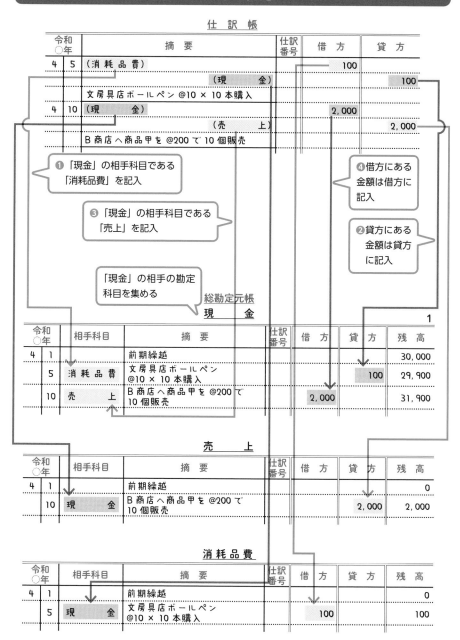

仕 訳 帳

令和○年		摘 要	仕訳番号	借 方	貸 方
4	5	（消耗品費）		100	
		（現　　金）			100
		文房具店ボールペン @10 × 10 本購入			
4	10	（現　　金）		2,000	
		（売　　上）			2,000
		B 商店へ商品甲を @200 で 10 個販売			

❶ 「現金」の相手科目である「消耗品費」を記入

❸ 「現金」の相手科目である「売上」を記入

「現金」の相手の勘定科目を集める

❹借方にある金額は借方に記入

❷貸方にある金額は貸方に記入

総勘定元帳

現　　金
1

令和○年		相手科目	摘 要	仕訳番号	借 方	貸 方	残 高
4	1		前期繰越				30,000
	5	消耗品費	文房具店ボールペン @10 × 10 本購入			100	29,900
	10	売　上	B 商店へ商品甲を @200 で 10 個販売		2,000		31,900

売　　上

令和○年		相手科目	摘 要	仕訳番号	借 方	貸 方	残 高
4	1		前期繰越				0
	10	現　　金	B 商店へ商品甲を @200 で 10 個販売			2,000	2,000

消 耗 品 費

令和○年		相手科目	摘 要	仕訳番号	借 方	貸 方	残 高
4	1		前期繰越				0
	5	現　　金	文房具店ボールペン @10 × 10 本購入		100		100

🏢 より細かい管理をするための補助簿をつくる

　会計ソフトを使えば、仕訳帳から自動的に総勘定元帳を作成してくれます。会計ソフトが普及した現在では、手作業で元帳転記を作成している会社はほぼないかもしれません。

　通常の会計ソフトでは、総勘定元帳をさらに細分化した**補助簿**も作成できます。取引先が多い会社では、売掛金1つをとってみても、どの取引先からいつ回収すればいいのかなどを、取引先ごとに管理する必要があります。そこで、**売掛金元帳（得意先元帳）を取引先ごとに分けた補助元帳を作成して、管理していくのです。**

　補助簿となると、もはや手作業で作成するのは至難の業ですが、会計ソフトであれば自動作成が可能です。やはりこの意味でも、日々の正確な仕訳が重要です。

総勘定元帳と補助簿の関連（売掛金元帳の場合）

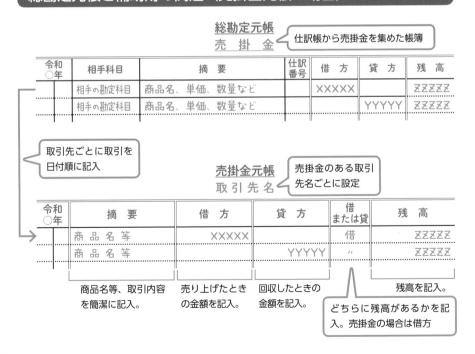

総勘定元帳
売　掛　金
仕訳帳から売掛金を集めた帳簿

令和〇年	相手科目	摘　要	仕訳番号	借　方	貸　方	残　高
	相手の勘定科目	商品名、単価、数量など		XXXXX		ZZZZZ
	相手の勘定科目	商品名、単価、数量など			YYYYY	ZZZZZ

取引先ごとに取引を日付順に記入

売掛金元帳
取　引　先　名
売掛金のある取引先名ごとに設定

令和〇年	摘　要	借　方	貸　方	借または貸	残　高
	商品名等	XXXXX		借	ZZZZZ
	商品名等		YYYYY	〃	ZZZZZ

商品名等、取引内容を簡潔に記入。

売り上げたときの金額を記入。

回収したときの金額を記入。

どちらに残高があるかを記入。売掛金の場合は借方

残高を記入。

36

補助簿の作成例（売掛金元帳の場合）

総勘定元帳
売 掛 金

令和○年		相手科目	摘　要	仕訳番号	借　方	貸　方	残　高
4	1		前期繰越				50,000
	5	売　上	B商事へ商品乙を15個販売	404052	24,000		74,000
	10	売　上	A社へ商品甲を20個販売	404106	20,000		94,000
	13	現　金	A社から売掛金回収	404134		20,000	74,000
	15	売　上	B商事へ商品丙を15個販売	404156	15,000		89,000
	20	普通預金	B商事から売掛金回収	404209		5,000	84,000
	28	売　上	A社へ商品丙5個販売	4042811	5,000		89,000
	30	受取手形	B商事から売掛金回収	4043015		30,000	59,000

取引先ごとに売掛金元帳をつくり、転記していく。

売掛金元帳
A社

前月（期首月の場合は前期）から繰り越された、売掛金の残高を記入

令和○年		摘　要	借　方	貸　方	借または貸	残　高
4	1	前期繰越			借	30,000
	10	商品甲 20個	20,000		〃	50,000
	13	現金で回収		20,000	〃	30,000
	28	商品丙 5個	5,000		〃	35,000

掛けで売った商品名等を記入

売掛金が増えた場合、金額は借方に記入

売掛金を回収したら、貸方に金額を記入

B商事

令和○年		摘　要	借　方	貸　方	借または貸	残　高
4	1	前期繰越			借	20,000
	5	商品乙 15個	24,000		〃	44,000
	15	商品丙 15個	15,000		〃	59,000
	20	普通預金への振込で回収		5,000	〃	54,000
	30	受取手形で回収		30,000	〃	24,000

実務のツボ

重要なのはつくり方よりも使い方！

　総勘定元帳にしても、補助簿にしても、経理実務で重要なのはつくり方ではなく、使い方です。売掛金であればしっかりと回収が進んでいるか、買掛金であれば支払い漏れはないかなどを、総勘定元帳や補助簿を活用して確認するのです。総勘定元帳や補助簿を確認ツールとして使いこなしていきましょう。

毎月の数字を試算表の形で集計する

1ヵ月分の仕訳の入力が終わったら、次に行うのが試算表の作成です。試算表とは、毎月の決算である月次決算を総まとめにしたものです。

試算表はいわば毎月の決算書

　　試算表とは、**仕訳を勘定科目ごとに集計して一覧にまとめた表**です。月ごとに作成する決算書といってもよいでしょう。各月の利益の状況を確認するなど、重要な意思決定の助けになる書類といえます。

　　試算表の主な役割は、次の3つです。

❶日々の経理処理が正確に行われているかをチェックする。
❷売上や利益がどのくらい上がっているのかを確認する。
❸資産や負債がどのくらいあるかを確認する。

　　経理担当者としては、預金の金額が実際の預金口座の残高と合っているか、計上漏れになっている勘定科目はないかなどを、試算表の数字を見ることでチェックできます。

　　経営者にとっては、毎月の試算表を確認することで、どのくらいの売上や費用が発生し、利益が出ているのかを確認でき、翌月以降の経営に活かしやすくなります。

　　試算表には、2つの種類があります。1つは**単月のもの（残高試算表）**、もう1つは**年間の推移がわかるもの（残高推移表）**です。会計ソフトであれば、いずれの様式も確認できるようになっているのが一般的です。

単月の残高試算表のしくみ

　残高試算表とは、決算書（貸借対照表と損益計算書）に記載される勘定科目が縦につながった様式。前月から繰り越された金額と、当月の借方・貸方のそれぞれの合計金額、翌月へ繰り越される金額が一覧になっている。

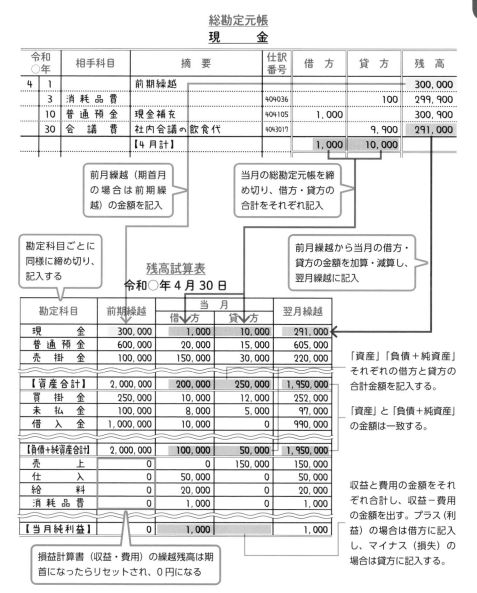

総勘定元帳
現　　金

令和○年		相手科目	摘　要	仕訳番号	借　方	貸　方	残　高
4	1		前期繰越				300,000
	3	消 耗 品 費		404036		100	299,900
	10	普 通 預 金	現金補充	404105	1,000		300,900
	30	会 議 費	社内会議の飲食代	4043017		9,900	291,000
			【4月計】		1,000	10,000	

前月繰越（期首月の場合は前期繰越）の金額を記入

当月の総勘定元帳を締め切り、借方・貸方の合計をそれぞれ記入

前月繰越から当月の借方・貸方の金額を加算・減算し、翌月繰越に記入

勘定科目ごとに同様に締め切り、記入する

残高試算表
令和○年4月30日

勘定科目	前期繰越	当　月		翌月繰越
		借　方	貸　方	
現　　　金	300,000	1,000	10,000	291,000
普 通 預 金	600,000	20,000	15,000	605,000
売 掛 金	100,000	150,000	30,000	220,000
【資産合計】	2,000,000	200,000	250,000	1,950,000
買 掛 金	250,000	10,000	12,000	252,000
未 払 金	100,000	8,000	5,000	97,000
借 入 金	1,000,000	10,000	0	990,000
【負債+純資産合計】	2,000,000	100,000	50,000	1,950,000
売　　　上	0	0	150,000	150,000
仕　　　入	0	50,000	0	50,000
給　　　料	0	20,000	0	20,000
消 耗 品 費	0	1,000	0	1,000
【当月純利益】	0	1,000		1,000

「資産」「負債+純資産」それぞれの借方と貸方の合計金額を記入する。

「資産」と「負債+純資産」の金額は一致する。

収益と費用の金額をそれぞれ合計し、収益−費用の金額を出す。プラス（利益）の場合は借方に記入し、マイナス（損失）の場合は貸方に記入する。

損益計算書（収益・費用）の繰越残高は期首になったらリセットされ、0円になる

年間推移がわかる残高推移表

　とくに残高推移表を見れば、勘定科目ごとの毎月の推移がわかります。毎月の数字を並べてみて、ある勘定科目が突出していたり、毎月数字が計上されているのに、ある月で0円になっていたりすることがあります。そうした異常値をチェックすることで、仕訳時の勘定科目が本当に合っているのか、数字のケタが1つ多く計上されていないか、計上漏れしている仕訳はないかなどがわかるのです。

　試算表は経理において、毎月の仕訳処理が合っているか確認する最良のツールといえます。

年間の推移がわかる残高推移表のしくみ

　残高試算表を月別に集計した一覧表。月別の一覧表にすることによって、年間推移を確認することができる。

単月の残高試算表で算出した繰越金額を、それぞれの欄に記入

月ごとに各勘定科目がどのような動きだったかを見ることができます

残高推移表
令和○年4月1日〜令和×年3月31日

勘定科目	4月	5月		3月
現　　　金	291,000	299,000		63,000
普 通 預 金	605,000	690,000		700,000
売 掛 金	220,000	457,000		500,000
買 掛 金	252,000	259,000		170,000
未 払 金	97,000	59,000		40,000
借 入 金	990,000	976,000		962,000
売　　　上	150,000	250,000		310,000
仕　　　入	50,000	25,000		60,000
給　　　料	20,000	30,000		35,000
消 耗 品 費	1,000	1,500		2,000

貸借対照表（資産・負債・純資産）の金額は、各月末の数字が記入される。月末時点での残高の推移がわかるようにするため。

損益計算書の金額（収益・費用）は、単月の数字が記入される。月ごとの売上や費用の変動、原価率などを確認・比較できるようにするため。

残高推移表のつくり方

残高試算表
令和○年4月30日

勘定科目	前期繰越	当月 借方	当月 貸方	翌月繰越
現　　金	300,000	1,000	10,000	291,000
普 通 預 金	600,000	20,000	15,000	605,000
売 掛 金	100,000	150,000	30,000	220,000
【資産合計】	2,000,000	200,000	250,000	1,950,000
買 掛 金	250,000	10,000	12,000	252,000
未 払 金	100,000	8,000	5,000	97,000
借 入 金	1,000,000	10,000	0	990,000
【負債+純資産合計】	2,000,000	100,000	50,000	1,950,000
売　　上	0	0	150,000	150,000
仕　　入	0	50,000	0	50,000
給　　料	0	20,000	0	20,000
消 耗 品 費	0	1,000	0	1,000
【当月純利益】	0	1,000		1,000

残高試算表
令和○年5月31日

勘定科目	前月繰越	当月 借方	当月 貸方	翌月繰越
現　　金	291,000	18,000	10,000	299,000
普 通 預 金	605,000	110,000	25,000	690,000
売 掛 金	220,000	250,000	13,000	457,000
【資産合計】	1,950,000	430,000	400,000	1,980,000
買 掛 金	252,000	11,000	18,000	259,000
未 払 金	97,000	116,000	78,000	59,000
借 入 金	990,000	14,000	0	976,000
【負債+純資産合計】	1,950,000	210,000	190,000	1,930,000
売　　上	150,000	0	250,000	400,000
仕　　入	50,000	25,000	0	75,000
給　　料	20,000	30,000	0	50,000
消 耗 品 費	1,000	1,500	0	2,500
【当月純利益】	1,000	5,000		6,000

収益・費用グループは単月の数字を記入する

資産・負債・純資産グループは月末に集計した翌月繰越の金額を記入する

残高推移表
令和○年4月1日～令和×年3月31日

勘定科目	4月	5月	…	3月
現　　金	291,000	299,000		63,000
普 通 預 金	605,000	690,000		700,000
売 掛 金	220,000	457,000		500,000
買 掛 金	252,000	259,000		170,000
未 払 金	97,000	59,000		40,000
借 入 金	990,000	976,000		962,000
売　　上	150,000	250,000		310,000
仕　　入	50,000	25,000		60,000
給　　料	20,000	30,000		35,000
消 耗 品 費	1,000	1,500		2,000

年1回決算書を作成する

毎月の試算表を積み重ねたものが、決算書です。会社の1年間の業績を表す、経理の仕事の最終ゴールといえる書類です。

決算書の作成は毎月の経理処理がベースになる

　決算書は、**会社の業績を表す重要な書類**です。そのベースになるのは毎月の経理処理です。毎月の試算表が正確につくられていれば、それがベースになって、おのずと決算書の数字も正しいものになります。毎月末に試算表を作成して、毎月の数字をしっかり確認することが、期末に行う決算書づくりを楽に、正確にする近道といえます。

　決算時特有の経理処理としては、**減価償却費の計算**（→ P.108～119）や**貸倒引当金の計上**（→ P.120）などがあります。これらのやり方は第4章で詳しく見ていきますが、決算で行うべき処理はリスト化するなどして、漏れなく行うことが大切です。

2つの決算書にまとめていく

　決算書は、主に**貸借対照表**（たいしゃくたいしょうひょう）と**損益計算書**（そんえきけいさんしょ）で構成されています。貸借対照表は資産と負債・純資産で構成され、会社の財政状態がわかるもの。損益計算書は収益から費用を差し引き、1年間で得た利益がわかるものです。

　表示される勘定科目については、試算表と同じと考えて問題ありません。試算表が月単位なのに対して、決算書は年単位という違いです。

　ただし、決算書のレイアウトは、会計ルールによって決まっています。一般的には、右ページのようなレイアウトになります。

損益計算書と貸借対照表

貸借対照表

甲乙丙株式会社　　　　　**令和○○年 3 月 31 日**

(単位：円)

資産の部			負債の部		
Ⅰ　流動資産			Ⅰ　流動負債		
普通預金	5,000,000		買掛金	2,000,000	
売掛金	2,000,000		未払金	600,000	
貸倒引当金	▲ 15,000		未払費用	10,000	
商品	300,000		前受収益	50,000	
前払費用	180,000		預り金	250,000	
未収収益	45,000		流動負債合計		2,910,000
流動資産合計		7,510,000			
			Ⅱ　固定負債		
Ⅱ　固定資産			長期借入金	1,000,000	
（有形固定資産）			固定負債合計		1,000,000
工具器具備品	450,000				
減価償却累計額	▲ 300,000		負債合計		3,910,000
固定資産合計		150,000			
			純資産の部		
資産合計		7,660,000	Ⅰ　株主資本		
			資本金	1,000,000	
			Ⅱ　利益剰余金		
			その他利益剰余金	2,750,000	
			純資産合計		3,750,000

損益計算書

甲乙丙株式会社

自令和○○年 4 月 1 日
至令和××年 3 月 31 日
(単位：円)

Ⅰ　売上高			25,000,000
Ⅱ　売上原価			
期首商品棚卸高		250,000	
当期商品仕入高		10,000,000	
合計		10,250,000	
期末商品棚卸高		300,000	9,950,000
売上総利益			15,050,000
Ⅲ　販売費及び一般管理費			
給料		8,000,000	
法定福利費		1,200,000	
外注費		500,000	
広告宣伝費		110,000	
旅費交通費		200,000	
通信費		120,000	
消耗品費		10,000	
地代家賃		300,000	
支払手数料		50,000	
会議費		100,000	
保険料		20,000	
減価償却費		200,000	
貸倒引当金繰入額		15,000	10,825,000
営業利益			4,225,000
Ⅳ　営業外収益			
受取地代		50,000	
受取利息		45,000	95,000
Ⅴ　営業外費用			
支払利息		10,000	10,000
経常利益			4,310,000
Ⅵ　特別利益			0
Ⅶ　特別損失			0
税引前当期純利益			4,310,000
法人税等			1,250,000
当期純利益			3,060,000

各勘定科目の意味や決算書の作成手順については、第3章と第4章で解説します。ここでは、おおよその構成をチェックしておいてください

収益・費用グループの主な勘定科目一覧

　第3章で詳しく解説する仕訳は、年1回の決算書（損益計算書と貸借対照表）をつくるために行う。ここでは、損益計算書に含まれる収益・費用グループの主な勘定科目を押さえておこう。貸借対照表の主な勘定科目は P.88。

売上高

売上（損益計算書上は「売上高」）

売上原価

仕入（損益計算書上は「仕入高」、もしくは「期首商品棚卸高」「当期商品仕入高」「期末商品棚卸高」）　業種によっては **外注費原価　人件費原価**

販売費及び一般管理費

給料　法定福利費　外注費（管理部門の業務委託費、営業代行費など）

広告宣伝費　旅費交通費　通信費　消耗品費

支払家賃（損益計算書上は「地代家賃」）　水道光熱費　支払手数料

会議費　交際費　保険料　諸会費　減価償却費　貸倒引当金繰入額 など

営業外収益

受取家賃（損益計算書上は「受取地代」）　受取手数料　受取利息　雑収入

仕入割引 など

営業外費用

支払利息　手形売却損　雑損失　売上割引 など

特別利益

固定資産売却益　有価証券評価益 など

特別損失

固定資産売却損　固定資産除却損　有価証券評価損 など

第**3**章

勘定科目と仕訳の
ルール

さまざまな取引は、「現金」や「預金」などの勘定科目を使って仕訳します。
勘定科目ごとの仕訳のルールを覚えましょう。

現金・小口現金

現金は日常生活の中で、もっとも身近な資産。事業活動でも、
預金と並んでもっとも基本的な勘定科目です。

現金勘定は仕訳の基本

現金は日常生活でも、もっともよく使われる資産です。銀行間の振り込み
による取引やキャッシュレス決済などが浸透していますが、現金取引がなく
なることはないでしょう。経理においても現金勘定がもっとも基本で、仕訳
を学ぶうえでの土台になります。

さっそく現金の仕訳を見ていきましょう。P.29 で述べたように、
「現金が増えれば左（借方）、減れば右（貸方）」です。

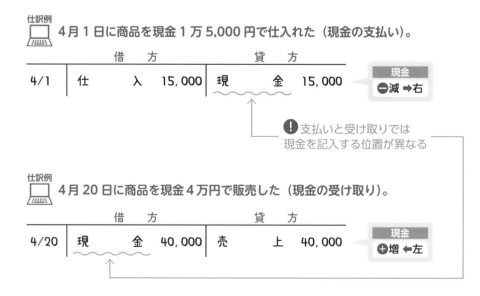

仕訳例
4月1日に商品を現金1万5,000円で仕入れた（現金の支払い）。

	借　　方	貸　　方	
4/1	仕　　　　入　　15,000	現　　　　金　　15,000	現金 ➖減 ➡右

❗ 支払いと受け取りでは
現金を記入する位置が異なる

仕訳例
4月20日に商品を現金4万円で販売した（現金の受け取り）。

	借　　方	貸　　方	
4/20	現　　　　金　　40,000	売　　　　上　　40,000	現金 ➕増 ⬅左

日常的に使う現金は手持ち金庫で管理

　会社によっては、経費の精算などのために少額の現金を常にオフィスなど
に置いておく場合があります。こうした現金は、**小口現金**という別の勘定科
目で処理します。小口現金の仕訳の方法も、現金勘定と同じです。

仕訳例
🖥 **4月10日に3,000円で購入した備品を小口現金で精算した。**

	借　　方	貸　　方
4/10	消 耗 品 費　　3,000	小 口 現 金　　3,000

> 小口現金
> ⊖減 ➡右

仕訳例
🖥 **4月15日に普通預金口座から小口現金に5,000円を補充した。**

	借　　方	貸　　方
4/15	小 口 現 金　　5,000	普 通 預 金　　5,000

> 小口現金
> ⊕増 ⬅左

　実際には、銀行振り込みや自動引き落としなどで取引を行う会社が多いで
しょう。飲食店などの現金商売でもないかぎり、現金はそれほど多く使われ
る勘定科目ではありません。ただし、仕訳の方法を理解する基礎として押さ
えておきましょう。

👆実務の ツボ

試算表の残高と手元の現金が合っているか

　経理実務においては、月次でつくる試算表（→ P.38）の現金勘定の残高が、
実際の手元にある現金と合っているかが重要です。預金であれば取引履歴が残り
ますが、現金は自ら管理します。試算表で現金の残高が1万円となっていれば、
それは手元（たとえば金庫など）に1万円が残っ
ていることを意味します。
　もし一致していなければ原因を探る必要があり
ますし、最後まで原因がわからなければ、決算時
などに帳尻を合わせなくてはいけません。

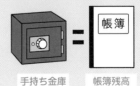

手持ち金庫　＝　帳簿残高

さまざまな「現金」の仕訳例を見てみよう

仕訳例

📇 4月10日に普通預金口座から現金10万円を引き出した。

	借　方		貸　方	
4/10	現　　　金	100,000	普 通 預 金	100,000

❶現金が増えたので、借方（左）に記入。
❷相手勘定を普通預金として貸方（右）に記入。

仕訳例

📇 4月15日に従業員の出張のため、出張費として現金3万円の
仮払いをした。

	借　方		貸　方	
4/15	仮 払 金	30,000	現　　　金	30,000

❶現金が減ったので、貸方（右）に記入。
❷相手勘定を仮払金として借方（左）に記入。

仕訳例

📇 4月20日に従業員が出張からもどり、出張旅費の精算があった。
交通費1万円、宿泊費1万円、残金1万円だった。

	借　方		貸　方	
4/20	現　　　金	10,000	仮 払 金	30,000
	旅 費 交 通 費	20,000		

❶4月15日の仮払金の詳細がわかったので、仮払金を減らす処理として貸方（右）に記入。
❷現金1万円がもどってきた（増えた）ので、借方（左）に記入。
❸交通費・宿泊費の合計2万円を旅費交通費として、借方（左）に記入。

仕訳例

📇 4月25日に電話代2万円の請求があり、現金で支払った。

	借　方		貸　方	
4/25	通 信 費	20,000	現　　　金	20,000

❶現金が減ったので、貸方（右）に記入。
❷相手勘定は通信費として借方（左）に記入。

仕訳例

📇 4月27日に売り掛けで販売していた商品代金5万円を現金で回収した。

	借　方		貸　方	
4/27	現　　　金	50,000	売 掛 金	50,000

❶現金が増えたので、借方（左）に記入。
❷相手勘定は売掛金として、貸方（右）に記入。

仕訳例

4月30日に帳簿残高と実際の残高を確認したら、実際の残高が帳簿よりも現金4,500円不足していた。不足の原因は不明。

	借　方		貸　方	
4/30	現金過不足	4,500	現　　金	4,500

月末に試算表をつくる際など、帳簿残高と実際残高に過不足があったら、金額を揃える一時的な処理をします

❶実際の残高と帳簿の残高を合わせるために、一時的に帳簿上の現金を減少させる仕訳をする。現金が減るので、貸方（右）に記入。
❷相手勘定は現金過不足として、借方（左）に記入。

現金過不足の原因が判明した場合、しなかった場合

　現金過不足は一時的に使用する勘定科目なので、過不足の原因が判明したら、現金過不足を本当の勘定科目に置き換える仕訳をします。会計期末に原因が判明しない場合は、雑収入か雑損失の勘定科目に振り替える仕訳をします。

現金過不足の原因が判明した場合

仕訳例

5月10日に、4月30日に生じた4,500円の現金過不足の原因が判明した。取引先への手土産として購入した菓子代の記入漏れだった。

	借　方		貸　方	
5/10	交　際　費	4,500	現金過不足	4,500

現金過不足は0円になり、本来の交際費で処理できた。

❶現金過不足を減らす処理として、貸方（右）に記入。
❷相手勘定は交際費として借方（左）に記入。

現金過不足の原因が判明しなかった場合

仕訳例

会計期末の3月31日になったが、4月30日に生じた4,500円の現金過不足の原因が判明しなかった。

	借　方		貸　方	
3/31	雑　損　失	4,500	現金過不足	4,500

雑損失に置き換え、現金過不足は0円になる。

❶決算時には現金過不足という勘定科目は使用しないため、雑収入または雑損失に振り替える仕訳をする。現金過不足をなくす処理として、貸方（右）に記入。
❷相手勘定には雑損失を使用し、借方（左）に記入。

手元の現金のほうが多い場合は雑収入、少ない場合は雑損失で処理します

預金

実際の事業活動において、預金は現金以上に使われます。仕訳の方法は、基本的に現金と同じです。さまざまな預金勘定について、見ていきましょう。

🏢 掛け取引などでよく使われる「普通預金」

普通預金は、預金の中でももっとも使われることが多い勘定科目です。日常生活でも、給料の振り込みやクレジットカードの引き落としなどで普通預金が使われます。

日常であれば現金と預金の違いは、実際にお金を使って取引をするかしないかという点くらいです。ただし、経理では、掛け取引を行ったときの代金回収でも使われる点がポイントです。**会計のルールでは、商品を引き渡したり、サービスを提供したりした時点で売上を計上します。**そのため、デビットカードで決済したときのように、その場で代金のやりとりが起こるような場合を除いて、**普通預金の相手勘定がそのまま「売上」や「仕入」になることはほぼありません。**

仕訳例
💻 4月11日に商品3万円を掛けで販売した。

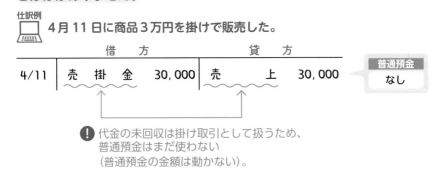

	借　　方		貸　　方		普通預金
4/11	売　掛　金	30,000	売　　上	30,000	なし

❗ 代金の未回収は掛け取引として扱うため、
普通預金はまだ使わない
（普通預金の金額は動かない）。

仕訳例

💻 4月25日に売掛金3万円が普通預金口座に振り込まれた。

	借　方	貸　方	
4/25	普 通 預 金　30,000	売 掛 金　30,000	普通預金 ➕増 ⬅左

振り込みがあって増えたので借方（左）に記入する。　　売掛金を回収したので、相手勘定は売掛金になる（売掛金が減る）。

仕訳例

💻 4月27日に当月の電気代1万5,000円が普通預金口座から引き落とされた。

	借　方	貸　方	
4/27	水 道 光 熱 費　15,000	普 通 預 金　15,000	普通預金 ➖減 ➡右

引き落とされて減ったので貸方（右）に記入する。

　ちなみに現金の仕訳例で見た、実際の残高と帳簿上の数字がずれるということは、預金では生じません。預金の場合、すべての履歴が通帳やネットバンキングの取引履歴に残るからです。

　履歴が残るので、現金取引に比べて計上漏れも防ぐことができます。このような利点があるため、現金商売を除いて、入金も出金も、できるかぎり普通預金を通したほうが経理の仕事もやりやすくなります。

プラス+1 利息が振り込まれたときの処理

　普通預金では個人と同様、企業と銀行の間でも利息が発生します。利息は税金を差し引かれて振り込まれるので、その取引も利息が振り込まれたときに仕訳をして処理します。預金利息に対して、源泉所得税・復興特別所得税15.315%がかかります。

仕訳例

💻 4月1日に銀行から利息1,000円が、税金を差し引かれて振り込まれた。

	借　方	貸　方	
4/1	普 通 預 金　847 法人税,住民税及び事業税　153	受 取 利 息　1,000	普通預金 ➕増 ⬅左

🏢 小切手や手形の決済に使われる「当座預金」

当座預金とは、小切手や手形の振り出しを行うために当座取引契約を結んで開設する預金口座です。利息がつかないのが特徴の1つです。

　手形や小切手は、代金の支払いのために相手に渡す書類です。取引先は受けとった小切手を金融機関に提出すれば、いつでも現金化することができます。手形は決められた日までに金融機関に提出することで、決められた日に現金化されるものです。いずれも、振り込みや現金払いの代わりに使われる支払い方法です。建設業や製造業などで、多く使われています。

　決済方法の多様化にともなって、年々、小切手や手形での代金支払いの件数は減少してきていますが、それでもまだまだ当座預金が現役の会社も多くあります。

　仕訳については、普通預金と大きく変わりません。口座の種類が違うからといって、特別に考える必要はありません。手形を振り出したときは**支払手形**、手形を受けとったときは**受取手形**という勘定科目を使います。**当座預金の勘定科目を使うのは、手形の決済日になって当座預金の残高が増減したときです。**

仕訳例
💻 **4月3日に商品10万円を仕入れて、代金は掛けにした。**

	借　　方	貸　　方
4/3	仕　　　入　　100,000	買　掛　金　　100,000

代金後払いなので、当座預金はまだ使わない。

当座預金
なし

仕訳例
💻 **4月20日に商品代金10万円を、手形を振り出して支払った。**

	借　　方	貸　　方
4/20	買　掛　金　　100,000	支　払　手　形　　100,000

買掛金の支払い方法として手形を振り出したので、買掛金を減少させる仕訳をする。

手形を振り出して支払った場合は、「支払手形」の勘定科目を使用する。

当座預金
なし

仕訳例

💻 6月15日に手形の決済日になり、当座預金口座から10万円が引き落とされた。

	借　　方	貸　　方	
6/15	支 払 手 形　100,000	当 座 預 金　100,000	当座預金 ●減 ➡右

当座預金から引き落とされたときに、当座預金を減らす仕訳をする。

🏬「その他の預金」も押さえておく

　企業活動においては、下記の預金が登場することもあります。たとえば普通預金と定期預金は、同じ預金でもその性質が大きく異なります。預金の種類によって、勘定科目を使い分けるようにしましょう。

定 期 預 金	すぐに引き出せない代わりに、普通預金よりも利率が高く設定されている。余剰資金があるときに活用したり、金融機関の担当者にすすめられて預け入れたりすることがある。
通 知 預 金	預け入れてから7日間は引き出せないが、そのあとは2日前に金融機関に伝えることで引き出せる。定期預金に比べ、縛りがゆるい。特定の目的のために、まとまったお金をプールしておきたいときなどに活用される。
納税準備預金	納税のために預金をプールしておくために開設できるもの。原則として、納税のためにしか引き出せないが、代わりに利息は非課税扱いとなる。

➕1 **小切手を受けとったときと振り出したときの処理の違い**

　小切手を振り出したときは、当座預金から引き出されるので仕訳の際、そのまま当座預金を使用します。対して、小切手を受けとった場合は、金融機関にもち込んだときに現金化されるので、受けとったタイミングでは当座預金は使用しません。

第3章 勘定科目と仕訳　預金

53

さまざまな預金の仕訳例を見てみよう

仕訳例
4月2日に普通預金口座へ売掛金15万円が振り込まれた。

	借　　方	貸　　方
4/2	普 通 預 金　150,000	売 　掛 　金　150,000

❶普通預金が増えたので、借方（左）に記入。
❷相手勘定は売掛金が減ったので、貸方（右）に記入。

仕訳例
4月7日に仕入れた商品の代金26万円を小切手を振り出して支払った。

	借　　方	貸　　方
4/7	仕 　　　入　260,000	当 座 預 金　260,000

❶小切手の振り出しは当座預金で処理する。当座預金が減ったので貸方（右）に記入。
❷相手勘定は仕入が増えたので、借方（左）に記入。

仕訳例
4月11日に現金60万円を当座預金口座に預け入れた。

	借　　方	貸　　方
4/11	当 座 預 金　600,000	現 　　　金　600,000

❶当座預金が増えたので、借方（左）に記入。
❷現金が減ったので、貸方（右）に記入。

仕訳例
4月15日にインターネット料金7,000円が普通預金口座から
引き落とされた。

	借　　方	貸　　方
4/15	通 　信 　費　　7,000	普 通 預 金　　7,000

❶普通預金が減ったので、貸方（右）に記入。
❷インターネット料金は通信費を使って仕訳する。借方（左）に記入。

仕訳例
4月17日に銀行から長期の借り入れをして、普通預金口座に
100万円振り込まれた。

	借　　方	貸　　方
4/17	普 通 預 金　1,000,000	長 期 借 入 金　1,000,000

❶普通預金が増えたので、借方（左）に記入。
❷長期でお金を借りたので、相手勘定は長期借入金を使用。貸方（右）に記入。

仕訳例
4月19日に普通預金口座から現金15万円を引き出した。

	借　方		貸　方	
4/19	現　　　金	150,000	普 通 預 金	150,000

❶普通預金が減ったので、貸方（右）に記入。
❷現金が増えたので、借方（左）に記入。

仕訳例
4月21日に借入金の利息5,000円が普通預金口座から引き落とされた。

	借　方		貸　方	
4/21	支 払 利 息	5,000	普 通 預 金	5,000

❶普通預金が減ったので、貸方（右）に記入。
❷借入金の利息を引き落とされたので、相手勘定は支払利息を使用。借方（左）に記入。

仕訳例
4月25日に従業員の給料50万円が、普通預金口座から振り込まれた。

	借　方		貸　方	
4/25	未 払 金	500,000	普 通 預 金	500,000

❶普通預金が減ったので、貸方（右）に記入。
❷給料として計算して計上していた未払金が減ったので、借方（左）に記入。
※給与計算については、P.158参照。

仕訳例
4月26日に受けとっていた手形17万円の期日が到来し、
普通預金口座に振り込まれた。

	借　方		貸　方	
4/26	普 通 預 金	170,000	受 取 手 形	170,000

❶普通預金が増えたので、借方（左）に記入。
❷手形が決済されたので、相手勘定は受取手形を使用。貸方（右）に記入。

仕訳例
4月30日に未払金となっていた3万円を普通預金口座から振り込んだ。

	借　方		貸　方	
4/30	未 払 金	30,000	普 通 預 金	30,000

❶普通預金が減ったので、貸方（右）に記入。
❷相手勘定は未払金を使用。借方（左）に記入。

売掛金と買掛金

経理の仕事でとくに理解しておきたいのが、売掛金と買掛金の考え方です。
正確な業績を反映した試算表を作成するためにも重要です。

商品やサービスの代金を後日回収する「売掛金」

　売掛金や買掛金は、掛け取引（→ P.29）という代金の未回収や後払いの取引で用いられる勘定科目です。 お金を受けとらないまま、商品やサービスの提供を行うわけで、取引先との信頼関係に基づくことから、**信用取引**ともいわれます。企業間の取引においては、頻繁に用いられます。

　たとえば、ソフトウェアの開発をしている会社が、取引先に開発したソフトウェアを納品して、代金は納品月の翌月末日払いになった場合、売上と代金入金の計上時期がずれます。**経理上、売上は取引先へ商品・サービスを納品したタイミングで計上するためです。** お金を受けとったときが、売上を計上するタイミングではないのです。

売掛金の考え方と取引

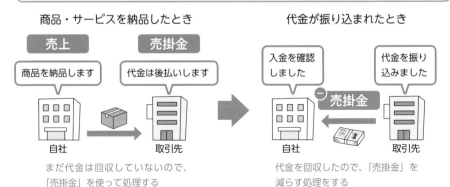

商品・サービスを納品したとき

| 売上 | 売掛金 |

商品を納品します／代金は後払いします

自社 → 取引先

まだ代金は回収していないので、「売掛金」を使って処理する

代金が振り込まれたとき

入金を確認しました／代金を振り込みました

− 売掛金

自社 ← 取引先

代金を回収したので、「売掛金」を減らす処理をする

そこで活躍するのが、売掛金です。売上を上げてから、代金を回収するまでのつなぎの役割をする勘定科目といえます。売掛金と現金は同じ「資産グループ」なので、増えた場合は借方（左）になります。つまり、**「現金が増えれば左」**の、「現金」を「売掛金」に置き換えて考えれば OK です。

売掛金の仕訳の考え方

　「売掛金」の仕訳は、まず「現金」を受けとったと考えてから、次に「現金」を「売掛金」に置き換えると理解しやすい。

仕訳例
🖥 **商品1万5,000円を売り上げ、代金は掛けとした。**

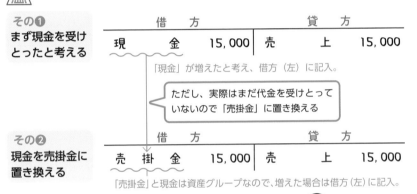

その❶ まず現金を受けとったと考える	借　　方		貸　　方	
	現　　金	15,000	売　　上	15,000

「現金」が増えたと考え、借方（左）に記入。

> ただし、実際はまだ代金を受けとっていないので「売掛金」に置き換える

その❷ 現金を売掛金に置き換える	借　　方		貸　　方	
	売　掛　金	15,000	売　　上	15,000

「売掛金」と現金は資産グループなので、増えた場合は借方（左）に記入。

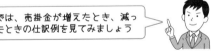

> では、売掛金が増えたとき、減ったときの仕訳例を見てみましょう

仕訳例
🖥 **4月15日にソフトウェア30万円の納品が完了した。**

	借　　方		貸　　方	
4/15	売　掛　金	300,000	売　　上	300,000

まだ代金を受けとっていないので「売掛金」を使用する。

売掛金
➕増 ⬅左

仕訳例
🖥 **5月31日に売掛金30万円が普通預金口座に振り込まれた。**

	借　　方		貸　　方	
5/31	普　通　預　金	300,000	売　掛　金	300,000

代金の回収ができたので、売掛金を減らす仕訳をする。

売掛金
➖減 ➡右

57

🏢 売掛金をもっと細かく管理する「売掛金元帳」

**経理の仕事で重要なのは、未回収の売掛金がないかをチェックすることで
す**。請求書を発行したのに、取引先が振り込みを忘れていることもあるかも
しれません。そのために売掛金の残高は、定期的にチェックするようにしま
しょう。

総勘定元帳（→ P.32）の売掛金という勘定科目を、さらに細分化して相
手先ごとに管理することが重要です。この売掛金を相手先ごとに管理する帳
簿を**売掛金元帳**（または**得意先元帳**）といいます。

🏢 商品やサービスの代金を後日支払う「買掛金」

買掛金は、売掛金と逆の役割を果たします。売上と同じように、仕入につ
いても掛け取引の場合はお金を支払うタイミングではなく、商品やサービス
の提供を受けたときに計上します。

材料などの仕入以外にも、たとえばソフトウェア開発の会社が外部のエン
ジニアに支払う外注費も、買掛金で処理します。**売上を上げるために直接か
かった費用の後払い分は、買掛金とおぼえておきましょう。**

買掛金の考え方と取引

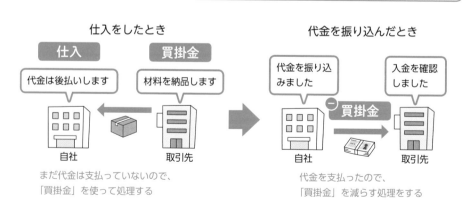

仕入をしたとき	代金を振り込んだとき
仕入 代金は後払いします / **買掛金** 材料を納品します	代金を振り込みました / 入金を確認しました **−買掛金**
自社 ← 取引先	自社 → 取引先
まだ代金は支払っていないので、「買掛金」を使って処理する	代金を支払ったので、「買掛金」を減らす処理をする

買掛金の仕訳の考え方

　買掛金は負債グループなので、貸借対照表の陣地は右側。つまり、買掛金が増えた場合は貸方（右側）に記入する。

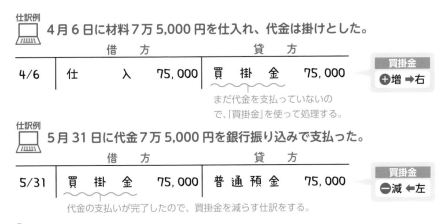

仕訳例
💻 4月6日に材料7万5,000円を仕入れ、代金は掛けとした。

	借　　方		貸　　方	
4/6	仕　　入	75,000	買　掛　金	75,000

まだ代金を支払っていないので、「買掛金」を使って処理する。

買掛金
➕増 ➡右

仕訳例
💻 5月31日に代金7万5,000円を銀行振り込みで支払った。

	借　　方		貸　　方	
5/31	買　掛　金	75,000	普　通　預　金	75,000

代金の支払いが完了したので、買掛金を減らす仕訳をする。

買掛金
➖減 ⬅左

🏢 買掛金をもっと細かく管理する「買掛金元帳」

　経理の仕事としては、やはり買掛金の管理が重要です。掛け取引は相手との信頼関係に基づくものなので、支払い漏れがあってはいけません。そこで、取引先ごとに買掛金をまとめた**買掛金元帳**（または**仕入先元帳**）を作成して管理します。買掛金も取引先ごとに管理して、毎月支払い漏れがないかしっかりと管理していきましょう。

プラス1 売掛金と買掛金は取引先ごとに管理する補助簿をつける

　売掛金や買掛金はどこの取引先にいくらずつあり、いつ回収するのか・支払うのかを管理できていなければ、正確な経営状態を把握できなくなります。管理を怠れば支払い漏れなどが発生し、会社の信用が損なわれる事態にもなりかねません。
　そこで、取引先（得意先・仕入先）ごとの補助簿（→ P.36）をつくって管理するのが大切です。

さまざまな売掛金と買掛金の仕訳例を見てみよう

仕訳例

🖥 **4月3日に商品12万円を売り上げ、代金は売り掛けとした。**

	借　　方		貸　　方	
4/3	売　掛　金	120,000	売　　　上	120,000

❶商品代金として**売掛金が増えた**ので、借方（左）に記入。
❷相手勘定は**売上**を使用。貸方（右）に記入。

仕訳例

🖥 **4月10日に商品5万円を仕入れ、代金は買い掛けとした。**

	借　　方		貸　　方	
4/10	仕　　　入	50,000	買　掛　金	50,000

❶仕入代金として**買掛金が増えた**ので、貸方（右）に記入。
❷相手勘定は**仕入**を使用。借方（左）に記入する。

仕訳例

🖥 **4月13日に売り掛けで販売していた商品の数点(1万円分)が返品された。**

	借　　方		貸　　方	
4/13	売　　　上	10,000	売　掛　金	10,000

❶商品の返品で**売掛金が減った**ので、貸方（右）に記入。
❷**売上が消滅した**ので、相手勘定は売上を使用。借方（左）に記入。

仕訳例

🖥 **4月17日に売掛金21万円を小切手で受けとった。**

	借　　方		貸　　方	
4/17	現　　　金	210,000	売　掛　金	210,000

❶**売掛金が減った**ので、貸方（右）に記入。
❷小切手で受けとったので、**現金が増える**仕訳として借方（左）に記入。

仕訳例

🖥 **4月23日に買掛金15万円を決済日よりも早めに振り込んだ。**
その際、1万5,000円の割引を受けて残金を普通預金で振り込んだ。

	借　　方		貸　　方	
4/23	買　掛　金	150,000	普　通　預　金	135,000
			仕　入　割　引	15,000

❶**買掛金が減った**ので、借方（左）に記入。
❷1万5,000円の割引があったので、差し引いた13万5,000円を**普通預金**の金額に設定する。
割引金額は**仕入割引**の勘定科目を使って貸方（右）に記入。

仕訳例
🖥 **4月25日に売掛金25万円が、決済期日よりも早めに入金されたので1万円の割引をして、残金は普通預金に振り込まれた。**

	借　方	貸　方
4/25	普 通 預 金　240,000	売 　掛 　金　250,000
	売 上 割 引　　10,000	

❶売掛金が減ったので、貸方（右）に記入。
❷割引した金額1万円を差し引いた金額24万円を、普通預金で仕訳する。割引は売上割引の勘定科目を使って借方（左）に記入。

仕訳例
🖥 **4月26日に買い掛けで仕入れた商品4万7,000円が、品違いだったので返品した。**

	借　方	貸　方
4/26	買 　掛 　金　47,000	仕 　　　　入　47,000

❶買掛金が減ったので、借方（左）に記入。
❷仕入が消滅したので、相手勘定は仕入を使用。貸方（右）に記入する。

仕訳例
🖥 **4月27日に商品13万円を仕入れ、3万円は現金で支払い、残りは買い掛けとした。**

	借　方	貸　方
4/27	仕 　　　　入　130,000	現 　　　　金　 30,000
		買 　掛 　金　100,000

❶現金を減らす・買掛金を増やす仕訳を貸方（右）に記入。
❷仕入が増えたので、相手勘定は仕入を使用。借方（左）に記入する。

仕訳例
🖥 **4月30日に商品37万円を販売し、7万円は手形で受けとり、残りは売り掛けとした。**

	借　方	貸　方
4/30	受 取 手 形　 70,000	売 　　　　上　370,000
	売 　掛 　金　300,000	

❶受取手形と売掛金が増えるので、借方（左）に記入。
❷売上が増えたので、相手勘定は売上を使用。貸方（右）に記入。

前払金と前受金

取引金額や信用状況によっては、商品やサービスの提供よりも先にお金が動くことがあります。そのときに使うのが、前払金や前受金です。

🏢 商品やサービスが届く前に支払う「前払金」

前払金（まえばらいきん）は、**商品やサービスを受けとる前に支払うお金**です。手付金（てつけきん）といわれることもあります。前払金は、以下のような場面で使用されることが想定されます。

> **前払金で処理されるケース**

初めての取引などで、代金を先に振り込まないと納品されないケース	予約販売などで、予約時に代金を支払うケース	建設業などで、着手から納品までが数ヵ月にわたるため、代金を何度かに分けて事前に支払うケース

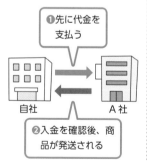

❶先に代金を支払う

自社　A社

❷入金を確認後、商品が発送される

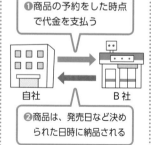

❶商品の予約をした時点で代金を支払う

自社　B社

❷商品は、発売日など決められた日時に納品される

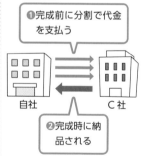

❶完成前に分割で代金を支払う

自社　C社

❷完成時に納品される

これらは一例であり、代金を前払いしたらすべて前払金です。

仕訳としては、**前払金は「現金が減ったら右」の相手科目**として、増えたら借方（左）に、減ったら貸方（右）に計上します。

区分としては、まだ商品やサービスの提供を受けていない段階で計上するため、いったん**資産**として計上します。代金を前払いすることで、取引先に対して商品やサービスの提供を請求できる権利が発生するので、それはプラスの財産、つまり資産ということです。

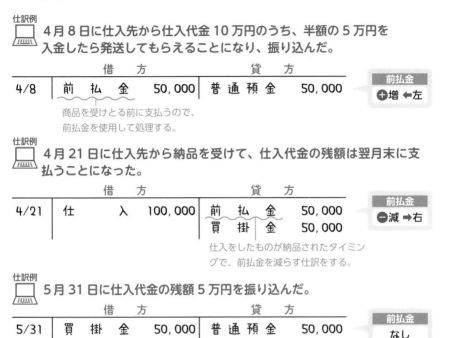

仕訳例
🖥 4月8日に仕入先から仕入代金10万円のうち、半額の5万円を入金したら発送してもらえることになり、振り込んだ。

	借　方			貸　方		
4/8	前　払　金	50,000	普　通　預　金	50,000		

前払金
➕増 ⬅左

商品を受けとる前に支払うので、
前払金を使用して処理する。

仕訳例
🖥 4月21日に仕入先から納品を受けて、仕入代金の残額は翌月末に支払うことになった。

	借　方		貸　方		
4/21	仕　　　入	100,000	前　払　金	50,000	
			買　掛　金	50,000	

前払金
➖減 ➡右

仕入をしたものが納品されたタイミングで、前払金を減らす仕訳をする。

仕訳例
🖥 5月31日に仕入代金の残額5万円を振り込んだ。

	借　方		貸　方		
5/31	買　掛　金	50,000	普　通　預　金	50,000	

前払金
なし

買掛金を減らす処理だけを行う。

　少しだけ応用してみました。実務上は、このように一部は前払いして、残りは後払いというケースもあります。**ただし、仕入としては、2つめの仕訳例のように前払いと後払い分を含めた総額で計上する必要があります。**取引先からは、総額の価値の提供を受けているからです。上記の例では、間違っても前払金と買掛金を5万円ずつ別の仕訳で、仕入として計上することがないようにしましょう。

　ちなみに、会社によっては「前渡金」という勘定科目を使うこともあります。どちらも同じものです。

🏢 商品やサービスを納品する前に受けとる「前受金」

前受金は前払金の逆で、**納品前に取引先から代金の全額または一部を受けとった場合に使用します。** まだ商品やサービスを提供する前に、取引先からお金を受けとるわけですから、自社としては、代金を受けとった時点で商品・サービスを提供すべき義務が発生します。そのため、前受金はマイナスの財産、つまり**負債**として計上します。

仕訳としては、前受金は**負債グループなので、増えたら貸方（右）、減ったら借方（左）** に計上します。

前受金で処理されるケース

初めての取引などで、代金を先に受けとってから発送するケース	予約販売などで、予約時点で代金を受けとるケース	長期的な作業で着手から納品までに数ヵ月かかるため、代金を何度かに分けて受けとるケース

❶先に代金を受けとる

自社 ← D商事

❷入金を確認後、商品を発送する

❶商品の予約を受け、同時に代金を受けとる

自社 ← E商店

❷商品は、発売日など決められた日時に納品する

❶納品前に分割で代金を受けとる

自社 ← F工業

❷完成時に納品する

仕訳例

💻 4月6日に初めての取引先から注文があり、代金15万円のうち、半額の7万5,000円が前払いとして振り込まれた。

	借　　　方	貸　　　方
4/6	普 通 預 金　　75,000	前　受　金　　75,000

前受金
➕増 ➡右

半額の代金を先に受けとったので、前受金を使用して処理する。

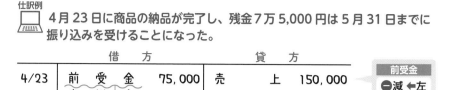

仕訳例
4月23日に商品の納品が完了し、残金7万5,000円は5月31日までに振り込みを受けることになった。

	借　方		貸　方	
4/23	前　受　金	75,000	売　　上	150,000
	売　掛　金	75,000		

前受金
➖減 ⬅左

商品の納品が完了した時点で、前受金を減らす仕訳をする。

仕訳例
5月31日に残額7万5,000円の振り込みを受けた。

	借　方		貸　方	
5/31	普 通 預 金	75,000	売　掛　金	75,000

前受金
なし

商品の納品時点で前受金は相殺されているので、ここでは使わない。

🏢 前払金や前受金は一時的に使用する勘定科目

　前払金や前受金は、商品やサービスの提供を受けるまでの、いわば一時的に使用する勘定科目です。経理としては、**すでに商品やサービスの提供が終わっているのに、残高が残っている前払金や前受金がないか定期的にチェックするようにしましょう。**

　前受金と似た勘定科目で、**前受収益**（→ P.106）があります。前受収益は、受けとったお金が次期以降の分を含んでいる場合、次期分の収益として計上するために経過的に用いる科目です。前受金が代金の一部または全部を前もって受領したときに使用される科目なのに対して、**前受収益は収益を適切に各期に配分するために使われる科目です。**ほかには、1年分の家賃を前もって受けとった場合にも、次期分の家賃は前受収益として計上されます。

　同じく、前払金と似た科目で**前払費用**（→ P.100）があります。前払金と前払費用は、ちょうど前受金と前受収益の関係と同じようなものです。

　前受収益も前払費用も、前受金や前払金ほど使用頻度は高くありませんが、混乱しないように注意しましょう。

手形

手形は、当座預金と関係のある証券です。2026年度末までに紙の手形は廃止され、全面的な電子化に以降される予定です。

約束手形と為替手形がある

　手形とは、**将来の決まった期日に決まった金額を支払うことを約束する証券**です。預金口座への振り込みであれば、翌月末などに振り込みの期日を指定することが多いのですが、手形の場合、数ヵ月先に期日が設定されることもめずらしくありません。支払う側としては支払いを先延ばしにできるため、資金繰りがやりやすくなるというメリットがあります。

　手形には、**約束手形**と**為替手形**の2種類があります。

　約束手形は、2社間でやりとりする手形です。流通している多くの手形は、約束手形になります。A商事がB社から商品を仕入れて、代金の支払いとしてB社に対して約束手形を発行します。B社は約束手形に記載された期日に、代金を受けとることができます。**手形を発行する者（A商事）を振出人、代金を受けとる者（B社）を受取人**といいます。

約束手形のしくみ

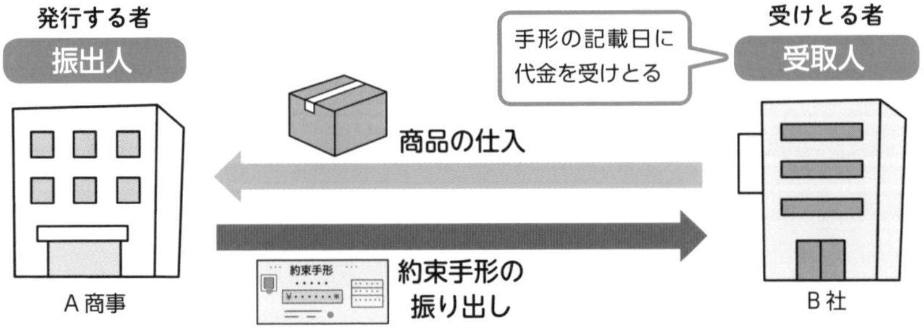

発行する者
振出人

手形の記載日に
代金を受けとる

受けとる者
受取人

商品の仕入

約束手形の
振り出し

A商事

B社

約束手形を発行（振り出し）した場合、支払う債務の増加となるので、負債グループになります。逆に、約束手形を受けとった場合は債権の増加なので、資産グループになります。仕訳としては、**約束手形を振り出したときは「支払手形」の勘定科目を使い、貸方（右）に記入します。**一方、**受けとったときは「受取手形」の勘定科目を使い、借方（左）に記入します。**

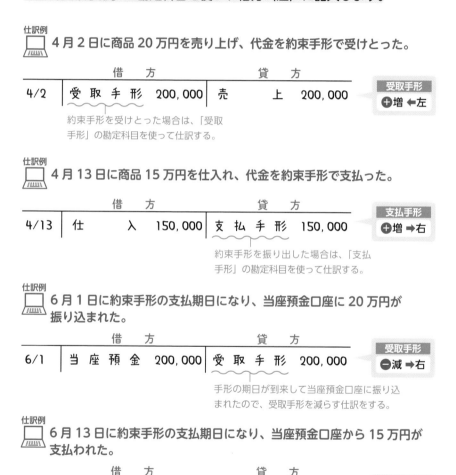

仕訳例
4月2日に商品 20万円を売り上げ、代金を約束手形で受けとった。

	借　　方		貸　　方	
4/2	受 取 手 形	200,000	売　　　　上	200,000

受取手形
➕増 ⬅左

約束手形を受けとった場合は、「受取手形」の勘定科目を使って仕訳する。

仕訳例
4月13日に商品 15万円を仕入れ、代金を約束手形で支払った。

	借　　方		貸　　方	
4/13	仕　　　　入	150,000	支 払 手 形	150,000

支払手形
➕増 ➡右

約束手形を振り出した場合は、「支払手形」の勘定科目を使って仕訳する。

仕訳例
6月1日に約束手形の支払期日になり、当座預金口座に 20万円が振り込まれた。

	借　　方		貸　　方	
6/1	当 座 預 金	200,000	受 取 手 形	200,000

受取手形
➖減 ➡右

手形の期日が到来して当座預金口座に振り込まれたので、受取手形を減らす仕訳をする。

仕訳例
6月13日に約束手形の支払期日になり、当座預金口座から 15万円が支払われた。

	借　　方		貸　　方	
6/13	支 払 手 形	150,000	当 座 預 金	150,000

支払手形
➖減 ⬅左

手形の支払期日が到来して当座預金口座から引き落とされたので、支払手形を減らす仕訳をする。

　為替手形は約束手形に比べてやや複雑で、3社間でやりとりする際に使用します。たとえば、A社がB社から商品を仕入れて、そのB社への支払いをC社に行ってもらうときに為替手形を使用します。この場合、C社がA社に対し、買掛金などの債務を負っているケースが一般的です。C社はA社に支払う代わりに、B社に支払うことで、A社への支払いに代えることになります。ただし、現在、為替手形はほとんど使われなくなっています。

早期に手形を現金化する「割引」

　手形に関する実務で欠かせないものとして、**手形の割引・裏書・不渡り**があります。

　手形の割引とは、手形の受取人が支払期日前に現金化したい場合、手形を金融機関にもち込んで買いとってもらうことです。手形の支払期日は、数ヵ月先ということもめずらしくありません。受けとる側からすれば、それだけの間、現金が入ってこないため、資金繰りにこまる場合があります。そこで、早期に手形を現金化できるように割引という制度があります。

　期日前に現金化して割引をしたときは、金融機関に割引料を差し引かれて入金されます。割引料は、振出人の会社の信用度などをもとに、金融機関で計算されます。経理処理としては、決められた割引料を**手形売却損**として計上します。

実務のツボ

割引してもらえないケースもある

　振出人の会社の信用状況によっては、割引してもらえないこともあります。金融機関としては、確実に期日通りに現金化できることを前提に、受取人に先払いしていることになるからです。

受取手形の割引の流れ

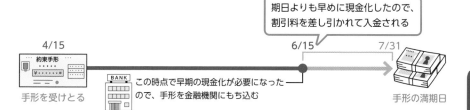

期日よりも早めに現金化したので、
割引料を差し引かれて入金される

4/15

約束手形

手形を受けとる

BANK

この時点で早期の現金化が必要になった
ので、手形を金融機関にもち込む

6/15

7/31

手形の満期日

仕訳例

💻 4月15日に商品30万円を売り上げ、代金は受取手形を受けとった。

	借　　方		貸　　方	
4/15	受 取 手 形	300,000	売　　　　上	300,000

受取手形
➕増 ⬅左

売上代金として受取手形を受けとったので、その仕訳をする。

仕訳例

💻 6月15日に7月31日満期の約束手形30万円を現金化した。割引料
1万2,000円を差し引かれて、当座預金口座に振り込まれた。

	借　　方		貸　　方	
6/15	当 座 預 金	288,000	受 取 手 形	300,000
	手形売却損	12,000		

受取手形
➖減 ➡右

割引された金額（1万2,000円）は「手形売却損」という勘定科目を使って処理する。

🏢 別の会社に手形を譲渡する「裏書」

手形の裏書とは、受取人が別の会社に手形を譲渡することです。お金を払
う代わりに、手形を譲渡して支払いに代えるものです。

手形の裏書の流れ

振出人	代金の支払いとして 手形を発行	受取人	A社から受けとった手形 を B商事に裏書譲渡	受取人
A社	手形	自社	手形	B商事

支払期日になったら、A社から手形をもつB商事に支払う

📱 4月8日にA社へ商品9万円を売り上げ、代金は売り掛けとした。

	借　方		貸　方	
4/8	売　掛　金	90,000	売　　上	90,000

> 代金を掛けにしたので受取手形は出てこない

通常の方法で裏書手形を仕訳する場合

仕訳例

📱 4月14日にA社から売掛金9万円の回収として、受取手形を受けとった。

	借　方		貸　方	
4/14	受　取　手　形	90,000	売　掛　金	90,000

> 受取手形
> ➕増 ⬅左

仕訳例

📱 4月21日にB商事に対する買掛金の支払いに代わり、A社から受けとった受取手形を裏書譲渡した。

	借　方		貸　方	
4/21	買　掛　金	90,000	受　取　手　形	90,000

> 受取手形
> ➖減 ➡右

　ただし、裏書譲渡したときの注意点として、**万が一、振出人が不渡り（→右ページ）を出してしまった場合、裏書譲渡した会社にその手形の支払い義務が発生します。**そのため、裏書していることを勘定科目として残しておく処理方法もあります。これを**評価勘定法**といい、「裏書手形」の勘定科目を使用します。

評価勘定法で裏書手形を仕訳する場合

仕訳例

📱 4月21日にB商事に対する買掛金の支払いに代わり、A社から受けとった受取手形を裏書譲渡した。

	借　方		貸　方	
4/21	買　掛　金	90,000	裏　書　手　形	90,000

> 裏書手形の勘定科目で処理をする

仕訳例

📱 6月30日に支払期日となり、裏書手形が決済された。

	借　方		貸　方	
6/30	裏　書　手　形	90,000	受　取　手　形	90,000

> 受取手形と裏書手形の消し込みの処理をする

🏦 支払期日に手形が支払えない「不渡り」

　手形の不渡りとは、手形の支払期日に、支払人の口座の残高が足りずに手形が支払えなかったことをいいます。受けとった手形が不渡りとなった場合、受取人としては改めて振出人や裏書譲渡をした者に請求を行うことになります。

　振出人にとって、不渡りを出すことは死活問題です。不渡りを6ヵ月以内に2回起こすと、銀行取引停止処分となります。融資を受けられなくなりますし、当座預金も使用不能となります。こうなると、倒産したも同然です。

　もし経理部で手形の決済の管理を行っているのであれば、手形の不渡りは絶対に出してはいけないものと心得ておきましょう。

不渡りになってしまったら

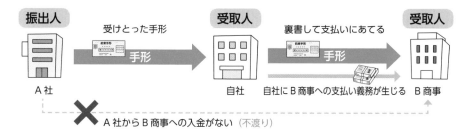

振出人　受けとった手形　手形　A社

受取人　裏書して支払いにあてる　手形　自社

受取人　自社にB商事への支払い義務が生じる　B商事

❌ A社からB商事への入金がない（不渡り）

➕ データ登録で決済を行う電子記録債権

　紙の手形に代わる決済手段として、電子記録債権（通称「でんさい」）の利用件数が年々増加しています。2008年から使われている、比較的新しい決済手段です。紙の手形は2026年度末までに廃止されるため、今後は手形の代わりとなる電子記録債権の存在がさらに大きくなるでしょう。支払期日を定めるなど、手形と似ているのですが、手形のように紙ではなく、電子債権記録機関にデータを登録します。

　手形と似ていますが、手形ではないので、「電子記録債権」という勘定科目で管理します。電子記録債権も、手形のように金融機関への譲渡（手形でいう割引）なども可能です。

固定資産

企業活動で使用される資産の中には、長期的に使用されるものがあります。そうした資産は、固定資産として計上されます。

長期にわたって使用する資産は固定資産に該当する

　固定資産とは、**長期にわたって使用するために取得した段階では経費として計上せず、減価償却というプロセスを通して費用にしていく資産です。**

　たとえば、業務を効率化するために 1,000 万円をかけて新型のマシンを導入した場合を考えてみましょう。取得時に 1,000 万円支払ったとしても、その時点で費用に全額計上するのは誤りです。そのマシンは長期にわたって業務に貢献するのに、一括で費用として計上してしまうと業績に偏りが生じてしまいますし、利益が多く出そうな期に設備投資をして、納める税金を少なくすることも可能になってしまいます。

　そのため、**高額（具体的には 10 万円以上）で 1 年以上にわたって使用するものについては、固定資産として資産に計上します。**同時に、徐々に価値が減っていくということで、減価償却というプロセスを通して、毎年費用に計上していくことがルールづけられています。

主な固定資産の種類

固定資産の種類（勘定科目）	内容
建物	工場、自社ビル、自社保有の社宅など建物そのもの
建物付属設備	給排水設備や電気設備など建物に付属する設備
構築物	建物とは別に建てた広告塔など
機械装置	工場で使う製造装置など
車両運搬具	社用車やトラック、自転車など
工具器具備品	パソコンやオフィス家具など
土地	自社で保有する建物の敷地など
ソフトウェア	自社で開発したソフトや他社から購入したソフトなど

無形固定資産と有形固定資産がある

　固定資産には、実際の形がないソフトウェアなども含まれます。現在では業務を支援するために、さまざまなソフトウェアが販売されています。このようなソフトウェアは、導入に数百万円かかることもめずらしくありません。こうしたソフトウェアも長期間にわたって業務に貢献するため、減価償却の対象になります。こうした形のない固定資産を**無形固定資産**、形がある固定資産を**有形固定資産**といいます。

　ちなみに土地については、その他の固定資産と異なり、年数が経過しても劣化するわけではないので減価償却は行いません。

「取得価額」も判断基準の１つ

　固定資産を購入するためには、さまざまな費用がかかります。たとえば、オフィス家具を購入すれば、本体価格以外に配送料がかかることがあります。こうした固定資産を購入するためにかかった費用も、固定資産の金額に含めます。こうして計算された額を、**固定資産の取得価額**といいます。

　固定資産かどうかを金額面で判断する場合も、本体価格ではなく、取得価額を用います。

固定資産の判断基準

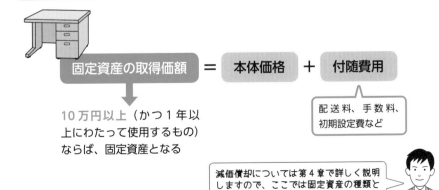

固定資産の取得価額 ＝ 本体価格 ＋ 付随費用

10万円以上（かつ１年以上にわたって使用するもの）ならば、固定資産となる

配送料、手数料、初期設定費など

減価償却については第４章で詳しく説明しますので、ここでは固定資産の種類と仕訳の方法を押さえておきましょう

🏢 資産の種類に応じて勘定科目を決める

　固定資産の仕訳は、取得したものに応じてP.72の表で示した勘定科目を用います。いずれも**資産グループに該当するので、増えたら借方（左）、減ったら貸方（右）に記入します。**

　ちなみに10万円未満のものなど、固定資産に該当しないものは**「消耗品費」**という勘定科目で処理します。「消耗品費」は費用グループに該当するので、増えたら借方（左）、減ったら貸方（右）に記入します。

仕訳例

💻 6月18日にオフィスに置くデスクを9万5,000円で購入し、配送料として別途1万円を振り込んだ。

	借　　方		貸　　方	
6/18	工具器具備品	105,000	普通預金	105,000

> 固定資産
> ➕増 ←左

合計10万円を超えるので固定資産として、「工具器具備品」という勘定科目で処理する。

🏢 完成前に支払ったものは「仮勘定」を使用する

　固定資産の完成までに数回の支払いがある場合、**「仮勘定」**という勘定科目を使います。たとえば、飲食事業者が新たにお店をオープンする場合、工事会社に対して手付金を支払うことがあります。このようなケースで、**お金はすでに支払っているけど、決算までにお店が完成しなかったという場合に「建設仮勘定」という勘定科目を使うのです。**

　前もって支払うお金という点で、前払金（→ P.62）と似ていますが、いずれ固定資産となる支出なので「建設仮勘定」という勘定科目を用います。また、自社で使うソフトウェアの開発を他社に委託するようなケースでも、前金を支払う場合には、「ソフトウェア仮勘定」といった勘定科目で処理をします。

　まだ完成していない以上、「建物」「ソフトウェア」などの勘定科目で処理することはできませんので注意しましょう。

仕訳例

🖥 11月30日に新店舗建設のために、建設会社に手付金として
1,000万円を振り込んだ。

	借　　方		貸　　方	
11/30	建設仮勘定	10,000,000	普 通 預 金	10,000,000

仮勘定
➕増 ⬅左

手付金の支払いであり、まだ完成していない
ので「建設仮勘定」の勘定科目を使用する。

仕訳例

🖥 翌年4月10日に店舗が完成し、残金の1,000万円を振り込んだ。

	借　　方		貸　　方	
4/10	建　　　物	20,000,000	普 通 預 金 建 設 仮 勘 定	10,000,000 10,000,000

仮勘定
➖減 ➡右

店舗が完成したので「建物」の勘
定科目を使用する。手付金も含め
た取得金額の合計を記入する。

手付金として支払った「建設仮勘
定」を消し込む処理もする。

🏢 自社で自社用につくったものも固定資産になる

　自社で製作したものも、固定資産に該当します。あまりないケースですが、
建設会社が自社で自社ビルを建設した場合、ソフトウェア開発会社が自社で
自社用のソフトウェアを制作した場合などが考えられます。

仕訳例

🖥 9月20日に開発中の自社用ソフトウェアの開発チームの給料を計算し
た結果、200万円となった。

	借　　方		貸　　方	
9/20	ソフトウェア仮勘定	2,000,000	未 払 金	2,000,000

仮勘定
➕増 ⬅左

ソフトウェアはまだ完成していな
いので、「ソフトウェア仮勘定」
の勘定科目を使用する。

給料の支払いなので、未払金の勘
定科目を使用する。

仕訳例

🖥 翌年10月25日に、自社用ソフトウェアが完成した。それまでに要し
た開発チームの給料はトータルで2,400万円となった。

	借　　方		貸　　方	
10/25	ソフトウェア	24,000,000	ソフトウェア仮勘定	24,000,000

仮勘定
➖減 ➡右

「ソフトウェア」の勘定科目を使
用し、それまでに要した給料の合
計（取得金額）を記入する。

毎月積み重ねた「ソフトウェア仮勘
定」の金額を消し込む処理をする。

貸付金と借入金

金融機関から借り入れをしている会社は多数あります。取引先とお金を貸し借りするケースもあります。そんなときに使うのが貸付金や借入金です。

🏢 取引先などへお金を貸す「貸付金」

金融機関などお金を貸すことがメイン業務でもないかぎりは、**貸付金**(かしつけきん)が発生することはそれほどありません。取引先に頼まれて一時的に貸し付けるときや、役員や従業員にお金を貸すとき、子会社などの資金繰りのために貸し付ける際に発生します。

貸付金の仕訳では、**決算日から1年以内に返済してもらうものを「短期貸付金」、それ以外を「長期貸付金」**という勘定科目を使用して処理します。貸付金は資産グループになるので、貸し付けた場合は借方(左)に、返済された場合は貸方(右)に記入します。

仕訳例
💻 7月10日に翌年5月31日の返済予定で取引先に100万円のお金を貸し付けた。

	借　方		貸　方	
7/10	短期貸付金	1,000,000	普通預金	1,000,000

短期貸付金
➕増 ⬅左

1年以内の貸付金なので短期貸付金を使って仕訳する。

仕訳例
💻 翌年5月31日にあらかじめ決めていた利息2万円とあわせて返済された。

	借　方		貸　方	
5/31	普通預金	1,020,000	短期貸付金	1,000,000
			受取利息	20,000

短期貸付金
➖減 ➡右

貸し付けた金額と受けとった利息を合わせた金額になる。

貸し付けた期間によって利息を計算する。利息分は「受取利息」の勘定科目を使う。

🏢 金融機関などからの「借入金」

　貸付金と違って、借入金(かりいれきん)は頻繁(ひんぱん)に登場します。日常生活では「借金」というとネガティブなイメージをもつ人も多いですが、**企業活動においては、金融機関からお金を借りて事業を拡大していくのは、ごく自然なことです。**現場では、借り入れを行うことを**「融資を受ける」**と表現することもあります。融資＝借り入れと理解しましょう。

　借入金も、**決算日から１年以内に返済するものを「短期借入金」、それ以外を「長期借入金」**という勘定科目で処理します。借入金は負債グループになるので、借り入れた場合は貸方（右）に、返済した場合は借方（左）に記入します。

💻 仕訳例
４月24日に返済期間５年間で240万円の借り入れを行い、普通預金口座に振り込まれた。

	借　　方		貸　　方	
4/24	普 通 預 金	2,400,000	長 期 借 入 金	2,400,000

> 長期借入金
> ➕増 ➡右

１年以上の借入金なので、長期借入金を使って仕訳する。

💻 仕訳例
５月31日に最初の月の返済４万円を利息2,000円とあわせて行った。

	借　　方		貸　　方	
5/31	長 期 借 入 金	40,000	普 通 預 金	42,000
	支 払 利 息	2,000		

> 長期借入金
> ➖減 ⬅左

借り入れた期間によって利息を計算する。利息分は「支払利息」の勘定科目を使う。

利息分も含めた金額になる。

未収入金と未払金

売掛金や買掛金は、掛け取引で行ったときに使用する勘定科目です。それ以外にも発生する債権・債務は、未収入金や未払金という勘定科目で処理します。

本業以外で生じた債権・債務を処理する勘定科目

　商品を売ったり、仕入れたりした取引とは違って、**営業活動以外で発生する債権や債務を処理する勘定科目が未収入金や未払金です**。逆に考えると、未収入金や未払金のうち、売上や仕入などのように営業活動に関するものは売掛金や買掛金として処理すると捉えてもよいでしょう。

　とくに未払金は、よく使用される勘定科目です。**備品や固定資産の購入代金の未払い分、複合機の保守費用の未払い分**など、多くの未払金が発生します。

売掛金と未収入金の違いは営業活動かそれ以外か

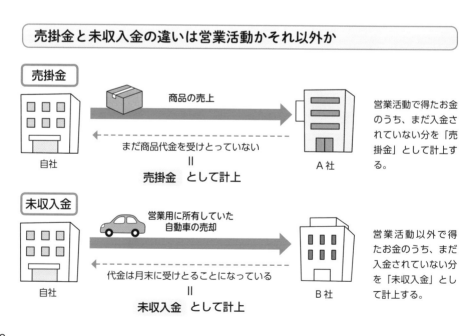

売掛金

自社 — 商品の売上 → A社

まだ商品代金を受けとっていない
＝
売掛金 として計上

営業活動で得たお金のうち、まだ入金されていない分を「売掛金」として計上する。

未収入金

自社 — 営業用に所有していた自動車の売却 → B社

代金は月末に受けとることになっている
＝
未収入金 として計上

営業活動以外で得たお金のうち、まだ入金されていない分を「未収入金」として計上する。

仕訳例

4月9日に営業用の自動車（取得価額200万円、減価償却累計額120万円）を売却した。代金100万円は月末に受けとることにした。

	借　　方		貸　　方	
4/9	減価償却累計額	1,200,000	車両運搬具	2,000,000
	未 収 入 金	1,000,000	固定資産売却益	200,000

> 未収入金
> ⊕増 ←左

売却した代金のうち、まだ受けとっていない分を「未収入金」として借方（左）に記入。

営業用の自動車は、「車両運搬具」の勘定科目を使用。減少するので、貸方（右）に記入。

仕訳例

4月30日に売却した自動車の代金100万円が普通預金口座に振り込まれた。

	借　　方		貸　　方	
4/30	普 通 預 金	1,000,000	未 収 入 金	1,000,000

> 未収入金
> ⊖減 →右

未回収だった代金を受けとったので、未収入金の減少として貸方（右）に記入。

買掛金と未払金の違いは営業活動かそれ以外か

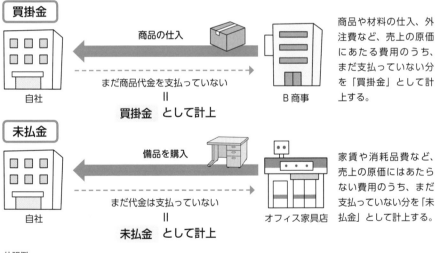

買掛金

商品の仕入

自社　→　B商事

まだ商品代金を支払っていない
＝
買掛金 として計上

商品や材料の仕入、外注費など、売上の原価にあたる費用のうち、まだ支払っていない分を「買掛金」として計上する。

未払金

備品を購入

自社　→　オフィス家具店

まだ代金は支払っていない
＝
未払金 として計上

家賃や消耗品費など、売上の原価にはあたらない費用のうち、まだ支払っていない分を「未払金」として計上する。

仕訳例

4月14日に通販サイトで備品1万5,000円を購入した。翌月末日に1ヵ月分まとめて引き落とされる予定。

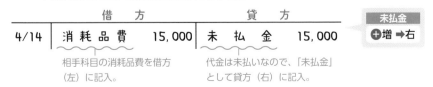

	借　　方		貸　　方	
4/14	消 耗 品 費	15,000	未 払 金	15,000

> 未払金
> ⊕増 →右

相手目の消耗品費を借方（左）に記入。

代金は未払いなので、「未払金」として貸方（右）に記入。

仮受金と仮払金

仕訳をしていると、どうしても内容がわからない入金や支払いが発生することがあります。そんなときに一時的に使用するのが仮受金や仮払金です。

不明な入金に使う「仮受金」

　普通預金を処理していると、たまに内容がわからない入金があります。調べてみると、営業部で請求書を発行したのに経理部に回っていなかったり、取引相手が間違って振り込んでいたりと、理由はさまざまです。入金されたからといって、すべて売上に計上するわけにもいきません。**そんなときに、原因がわかるまで一時的に処理をしておく勘定科目が仮受金**です。

　あくまで仮に処理するための勘定科目なので、遅くとも決算までには内容を確認しておく必要があります。しかし、時間が経てば経つほど確認が大変になります。発生するたびに確認し、正しい勘定科目で処理を行うことが望ましく、**仮受金はできるかぎり使わないほうがよい勘定科目**です。

仮受金は役目を終えたら正しい勘定科目に振り替える

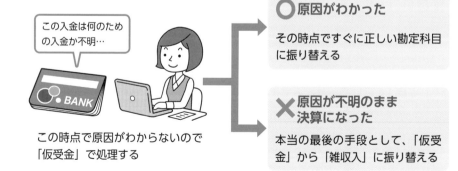

この入金は何のための入金か不明…

この時点で原因がわからないので「仮受金」で処理する

○ 原因がわかった
その時点ですぐに正しい勘定科目に振り替える

✕ 原因が不明のまま決算になった
本当の最後の手段として、「仮受金」から「雑収入」に振り替える

仕訳例
4月10日に普通預金口座に、内容が不明な入金7万円があった。

	借 方		貸 方	
4/10	普 通 預 金	70,000	仮 受 金	70,000

> **仮受金**
> ➕増 ➡右

仮受金は負債グループなので、増え
た場合は貸方（右）に記入する。

仕訳例
4月16日に、商品を返品したために一部返金されたものと判明した。

	借 方		貸 方	
4/16	仮 受 金	70,000	仕 入	70,000

> **仮受金**
> ➖減 ⬅左

正しい勘定科目に振り替える。仮受金が減るので借方（左）
に記入。相手勘定は商品の返品なので、仕入を使用する。

🏢 内容が不明な支払いに使用する「仮払金」

　仮払金も、内容が不明なときに使用する一時的な勘定科目です。内容不明な出金や、従業員に概算で出張費を前払いするときなどに使用します。

仕訳例
4月12日に普通預金口座から、内容が不明な引き落とし1万円があった。

	借 方		貸 方	
4/12	仮 払 金	10,000	普 通 預 金	10,000

> **仮払金**
> ➕増 ⬅左

仮払金は資産グループなので、増えた
場合は借方（左）に記入する。

仕訳例
確認した結果、同業者団体の年会費1万円の引き落としだと
4月24日にわかった。

	借 方		貸 方	
4/24	諸 会 費	10,000	仮 払 金	10,000

> **仮払金**
> ➖減 ➡右

相手勘定は諸会費を
使用する。

正しい勘定科目に振り替える。仮
払金が減るので貸方（右）に記入。

プラス+1

現金過不足と混同しないように注意する

　現金過不足（→ P.49）は帳簿の残高と実際の残高が一致しないときに使用しましたが、仮払金・仮受金は内容や金額が不明のときに使用します。いずれも決算時までに原因を突き止め、わかりしだい正しい勘定科目に振り替えます。原因がどうしても不明のままであれば、決算時に雑収入や雑損失に振り替えます。

立替金と預り金

一時的にお金を立て替えて支払ったときや、一時的に預かったお金があるときに立替金や預り金を使用します。

🏢 一時的にお金を立て替えたときに使用する「立替金」

　日常でも、「お金を立て替える」という言葉が使われますが、**勘定科目の立替金も同じ意味です**。それほど頻繁に発生するものではありませんが、子会社が支払うべき代金を親会社が代わりに支払ったときや、従業員が負担する分を先に代わりに支払ったときなどが考えられます。

仕訳例
💻 **4月8日に子会社が払うべき、仕入代金21万円を親会社が立て替えて振り込んだ。**

	借　方	貸　方	
4/8	立　替　金　210,000	普　通　預　金　210,000	立替金 ➕増 ⬅左

立替金は資産グループなので、増えた場合は借方（左）に記入する。

仕訳例
💻 **4月30日に子会社から立て替えた代金21万円の振り込みがあった。**

	借　方	貸　方	
4/30	普　通　預　金　210,000	立　替　金　210,000	立替金 ➖減 ➡右

振り込まれたので、相手勘定は普通預金を使用する。

立替金が減ったので貸方（右）に記入。

👉 実務の ツボ

立替金と仕入の混同に注意する

　経理処理の際に立替金で処理すべきものを、間違って自社の費用（仕入など）で計上してしまわないように注意しましょう。本来は他社や従業員が支払うべき費用を、一時的に自社が支払った場合に使う勘定科目が立替金です。

🏢 一時的にお金を預かったときに使用する「預り金」

　預り金は立替金に比べて、多くの会社で出番があります。たとえば、給料を支払うとき、従業員が負担する分の社会保険料や雇用保険料、所得税や住民税などを天引き（控除）します。**天引きするといっても、会社のお金になるわけではなく、従業員に代わって国などに納めるために一時的に預かるものなので、預り金の勘定科目で処理をするのです。**

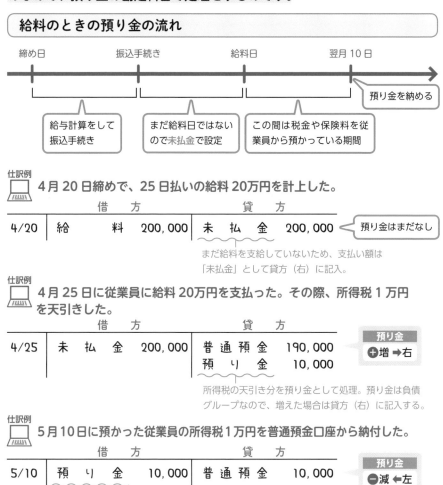

給料のときの預り金の流れ

| 締め日 | 振込手続き | 給料日 | 翌月10日 |

> 預り金を納める

- 給与計算をして振込手続き
- まだ給料日ではないので未払金で設定
- この間は税金や保険料を従業員から預かっている期間

仕訳例
💻 4月20日締めで、25日払いの給料20万円を計上した。

	借　方		貸　方	
4/20	給　　料	200,000	未　払　金	200,000

> 預り金はまだなし

まだ給料を支給していないため、支払い額は「未払金」として貸方（右）に記入。

仕訳例
💻 4月25日に従業員に給料20万円を支払った。その際、所得税1万円を天引きした。

	借　方		貸　方	
4/25	未　払　金	200,000	普通預金	190,000
			預　り　金	10,000

> **預り金**
> ➕増 ➡右

所得税の天引き分を預り金として処理。預り金は負債グループなので、増えた場合は貸方（右）に記入する。

仕訳例
💻 5月10日に預かった従業員の所得税1万円を普通預金口座から納付した。

	借　方		貸　方	
5/10	預　り　金	10,000	普通預金	10,000

> **預り金**
> ➖減 ⬅左

預り金が減少したので、借方（左）に記入。
相手勘定は普通預金を使用する。

83

有価証券

取引先や子会社の株を保有したり、会社で株取引を行ったりと、会社として株式を保有したときに使用する勘定科目が有価証券です。

有価証券を取得したときなどに使用する

有価証券は、**簿記上では上場株式をはじめ、社債、国債、金融機関などへの出資金を指します。**また、それぞれ保有の目的が異なります。

売買目的有価証券

売買することを目的として保有する有価証券。上場株式など。

満期保有目的債券

満期まで保有することを目的として保有する有価証券。社債や国債など。

子会社株式・関連会社株式

子会社などの支配を目的として保有する有価証券。

その他有価証券

3つのどれにも当てはまらない有価証券。

仕訳例

💻 4月15日に投資目的で株式20万円を購入し、手数料5,000円とともに普通預金口座から振り込んだ。

	借　方		貸　方	
4/15	（売買目的）有価証券	205,000	普通預金	205,000

有価証券は資産グループなので、増えた場合は借方（左）に記入する。

> 売買目的で購入した有価証券にかかる購入手数料も、有価証券の取得原価に含めます

有価証券
➕増 ⬅左

仕訳例

💻 9月10日に所有している有価証券（簿価20万円）を21万円で売却し、手数料3,000円を差し引かれて普通預金口座に振り込まれた。

	借　方		貸　方	
9/10	普通預金	207,000	（売買目的）有価証券	200,000
	支払手数料	3,000	有価証券売却益	10,000

売却額21万円のうち手数料が3,000円差し引かれるので、20万7,000円が振り込まれる仕訳となる。

有価証券
➖減 ➡右

　株式は時価なので変動します。そのため、株式の時価が変動したら、帳簿価額（簿価）を正しい金額に訂正するための処理が必要になります。仕訳では、時価が簿価よりも高くなったら有価証券の増加として、「**（売買目的）有価証券**」を借方（左）に記入し、相手科目は「**（売買目的）有価証券評価益**」を使用します。一方、低くなったら、「**（売買目的）有価証券**」を貸方（右）に記入し、相手科目は「**（売買目的）有価証券評価損**」を使用します。

仕訳例

💻 決算時に所有していた株式（簿価65万円）の時価が69万円になっていたので評価替えをした。

	借　方		貸　方	
3/31	（売買目的）有価証券	40,000	（売買目的）有価証券評価益	40,000

時価が上がり、有価証券の簿価が増えたので増加分を借方（左）に記入する。

有価証券
➕増 ⬅左

プラス1　法律上は有価証券に含まれるもの

　手形、小切手、切手、収入印紙も、法律上では有価証券として扱います。ただし、会計上は別の勘定科目で処理します。

手形 → 受取手形／支払手形

小切手 → 現金／当座預金

切手 → 貯蔵品、通信費
収入印紙 → 租税公課、貯蔵品

株主資本

株主資本は仕訳で直接関係することはほとんどありませんが、純資産グループの大部分を占める項目です。

🏢 会社の元手にあたる資本金

　貸借対照表の純資産（→ P.23）の中に、**株主資本**があります。**その中の資本金は、会社の設立や新規事業の立ち上げなどのために出資を受けた金額を表します。**

　銀行などからの借入金であれば、返済の義務がありますが、資本金として資金を受け入れた場合には返済の義務はありません。その代わり、配当という形で出資してくれた人に対価を支払います。

　資本金はあくまで受け入れたお金を表すものであり、会社の価値を表すものではありません。日々の経理業務で資本金が関係する仕訳をすることはないでしょうが、貸借対照表の一項目なので、資本金の性質を押さえておきましょう。

資本金のしくみ

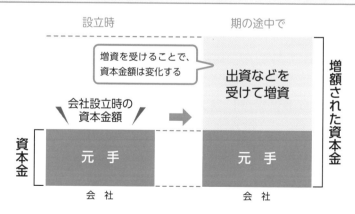

🏢 積み上げてきた利益にあたる利益剰余金

　資本金のほかにもう1つ、純資産グループで表示されるのが**利益剰余金**です。**会社が稼いだ利益を累計していったもの**です。

　売上から費用や税金を支払ったあとに残る金額は、残高試算表（→ P.123）や損益計算書に、**当期純利益**という項目で表示されます。決算によって確定した当期純利益の金額は、利益剰余金と名を変えて、貸借対照表の利益剰余金の金額に加算されていきます。

利益剰余金のしくみ

　元手そのものである資本金と、その元手を活用して稼いできた利益を表す利益剰余金は、同じ純資産グループに表示される。ただし、その内容は明確に区別されている。

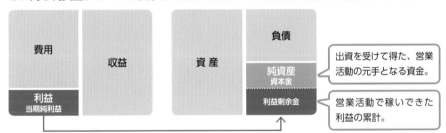

費用	収益	資産	負債

出資を受けて得た、営業活動の元手となる資金。

営業活動で稼いできた利益の累計。

損益計算書の「当期純利益」が、「利益剰余金」となって貸借対照表に加算される（赤字、つまり「当期純損失」であれば減算される）

仕訳例
💻 **4月1日に会社を設立し、出資金100万円を普通預金口座に振り込んだ。**

	借　方		貸　方	
4/1	普 通 預 金	1,000,000	資 本 金	1,000,000

資本金
➕増 ➡右

資本金が増えた場合は、純資産グループなので貸方（右）に記入する。

仕訳例
💻 **6月25日に株主総会の決議を受け、その他利益剰余金※200万円を資本金200万円に組み入れた。**

	借　方		貸　方	
6/25	その他利益剰余金	2,000,000	資 本 金	2,000,000

利益剰余金
➖減 ⬅左

利益剰余金を資本金に組み入れるので、利益剰余金が減り、資本金が増える仕訳をする。

※その他利益剰余金とは、利益剰余金の1つで、社内に積み立てておく利益準備金以外のこと。

資産・負債・純資産グループの主な勘定科目一覧

貸借対照表は資産・負債・純資産という3つのグループからなる。それぞれの主な勘定科目を押さえておこう。貸借対照表では、左側に資産、右側に負債と純資産が表示される勘定式が一般的。

資産の部

Ⅰ 流動資産

現金　小口現金　普通預金　当座預金
売掛金　貸倒引当金　商品　受取手形
電子記録債権　短期貸付金
短期前払費用　前払金　未収入金
未収収益　立替金　有価証券 (売買目的
有価証券　満期日まで1年以内の満期保有目
的債券・その他有価証券)　仮払金 など

Ⅱ 固定資産

[有形固定資産]

建物　建物付属設備　構築物
機械装置　車両運搬具
工具器具備品 減価償却累計額 など

[無形固定資産]

ソフトウェア　リース資産
営業権 (のれん)　特許権
実用新案権　意匠権　商標権 など

[投資その他の資産]

長期貸付金　長期前払費用
投資有価証券 (満期日まで1年超の満期保
有目的債券・その他有価証券)
子会社株式　関連会社株式
子会社出資金　関連会社出資金
長期性預金 など

Ⅲ 繰延資産

株式交付費　社債発行費　創立費
開業費　開発費

負債の部

Ⅰ 流動負債

買掛金　前受金　支払手形　裏書手形
短期借入金　短期未払金　未払費用
前受収益　預り金　仮受金 など

Ⅱ 固定負債

長期借入金　長期未払金　社債
預り保証金 など

純資産の部

資本金　資本準備金　利益剰余金 など

第4章

決算整理と決算書

期末になると帳簿を締め切り、決算整理という処理を行って決算書を作成します。会社の成績表をつくる、とても大事なイベントです。

決算とは何か

年に1回、会社の1年間の業績を集計して決算書にまとめるのが決算です。
経理の仕事にとって、総まとめとなる重要なイベントです。

決算は1年に1回の重要な仕事

　決算は、会社の1年間の業績を決算書としてまとめる重大イベントです。
決算によってつくられた決算書は、さまざまな場面で活躍します。

　金融機関や株主など、社外の人たちは決算書の数字を見ることで、その会社の経営状態を知ることができます。また、新たにお金の借り入れをしたり、投資家からお金を投資してもらったりするときの資料にもなります。さらには、法人税（個人事業主であれば所得税）などの税金を計算する際のベースにもなります。

　上場会社では、さらに3ヵ月ごとに行う四半期決算もあります。ただし、多くの会社にとって、決算といえば、年1回の手続きと考えておいてよいでしょう。

日々の経理業務から決算までの流れ

毎日の作業

取引を仕訳
↓
総勘定元帳へ転記

毎月の作業

毎月末、試算表を作成

毎年の作業

❶決算月の試算表の作成

決算整理をするために棚卸（→P.93、97）や各種帳簿の締め切り、残高試算表（→P.123）をつくる

❷決算整理仕訳の作成

→ P.93～121

決算には決まった手順がある

　決算には、手順があります。会社によってやり方に違いはありますが、大きく分けて、以下のような流れで決算は進んでいきます。

❶決算月の試算表の作成
❷決算整理仕訳の作成
❸決算書の作成

　試算表は P.38 で述べたように毎月作成するものなので、決算月も普段と同じように試算表を作成すれば OK です。

　決算において、**とくに重要なのが❷決算整理仕訳の作成**です。1 年間に 1 回しか行わないため、やることをリスト化するなどして抜けや漏れがないようにしなければいけません。

　❸決算書の作成は、決算整理仕訳の作成まで終われば、あとは会計ソフトを使っていれば自動で作成されます。ただし、自動といっても、決算書のレイアウトや科目の表示順などは自らの目で確認しなければいけません。

　決算書は外部にも見せる重要な資料です。数字が合っていることはもちろん、見た目が整っていることも重要なのです。

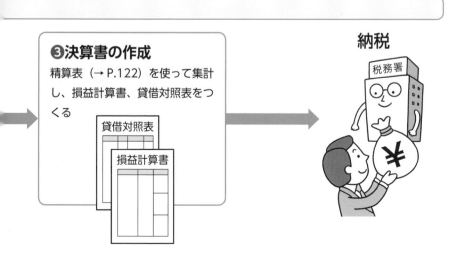

❸決算書の作成

精算表（→ P.122）を使って集計し、損益計算書、貸借対照表をつくる

貸借対照表

損益計算書

納税

税務署

決算整理の考え方

決算時には決算整理仕訳という、最終調整の処理が必要です。決算整理仕訳を経て、正しい実態を反映した決算書が出来上がります。

決算時点での残高試算表から決算書を作成する

　決算書は残高試算表（→ P.123）の数字をもとに、決算書として決められたレイアウトで作成します。レイアウトを決めておくことで、社外の人が見ても、どの項目がどこに記載されているのかがわかりますし、会社間の比較もしやすくなります。

　いまでは会計ソフトが、決算書のレイアウトを自動で作成してくれます。重要なのは、正確な数字を決算書に反映させることです。

残高試算表に決算整理仕訳を加えて 2 つの重要書類に分類する

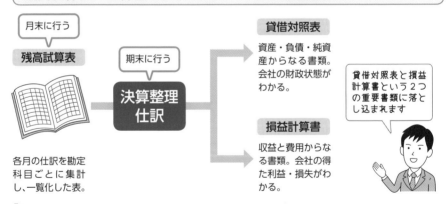

月末に行う

残高試算表

各月の仕訳を勘定科目ごとに集計し、一覧化した表。

期末に行う

決算整理仕訳

貸借対照表

資産・負債・純資産からなる書類。会社の財政状態がわかる。

損益計算書

収益と費用からなる書類。会社の得た利益・損失がわかる。

貸借対照表と損益計算書という 2 つの重要書類に落とし込まれます

決算書を作成するための最後の仕上げがある

　決算書は、数字の面では、第 1 章で説明したように貸借対照表と損益計算書から成り立っています。

貸借対照表は資産・負債・純資産の３グループ、損益計算書は収益と費用の２グループでそれぞれ構成されています。決算日時点の試算表の数字を使って、各勘定科目をそれぞれ集計することで決算書が出来上がります。

　ただし、**日々の仕訳や月末の試算表づくりとは別に、決算日時点で行わなければならない作業がいくつかあります。**たとえば、決算日時点で在庫として残っている商品は仕入として費用に計上することはできません。仕入という費用は、売上という収益に対応するものだからです。そのため、**決算日時点で売れ残っている商品は、在庫として「資産」に計上する必要が出てきます。**こうした作業を**棚卸**（たなおろし）といいます（→ P.97）。このように、棚卸など決算時特有の処理がいくつか必要になります。これを**決算整理**といいます。決算整理を経て、正確な数字が反映された決算書が完成するのです。

決算整理の役割

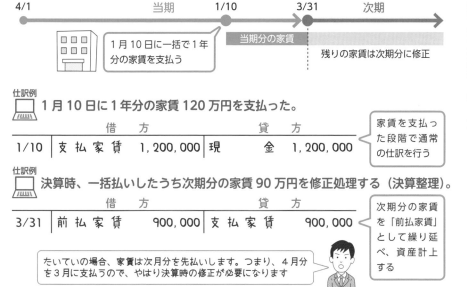

| 毎月末の残高試算表 | 当期分ではないものも含まれているため、当期分と次期分以降のものを整理するための仕訳をする。 |

たとえば、当期の途中で１年分の家賃を支払った場合

4/1　　　　　　　　当期　　　　　　　1/10　　　　　　3/31　　　　次期

1月10日に一括で1年分の家賃を支払う

当期分の家賃

残りの家賃は次期分に修正

仕訳例
💻 **1月10日に1年分の家賃120万円を支払った。**

	借　　方		貸　　方	
1/10	支 払 家 賃	1,200,000	現　　　金	1,200,000

家賃を支払った段階で通常の仕訳を行う

仕訳例
💻 **決算時、一括払いしたうち次期分の家賃90万円を修正処理する（決算整理）。**

	借　　方		貸　　方	
3/31	前 払 家 賃	900,000	支 払 家 賃	900,000

次期分の家賃を「前払家賃」として繰り延べ、資産計上する

たいていの場合、家賃は次月分を先払いします。つまり、4月分を3月に支払うので、やはり決算時の修正が必要になります

93

決算書作成のための
4つのルール

決算書を作成するうえで、守るべき4つのルールがあります。経理が仕事をするうえでも基本となる考え方ですので、理解しておきましょう。

🏢 会計期間の正しい利益を求めるためのルール

　ここで、経理の仕事をするうえで守るべき4つのルールを確認しましょう。このルールに基づいて記帳を行って初めて、正確な業績を反映した決算書が完成します。

ルール❶ 発生主義

　費用を計上するタイミングは、その費用が発生したときです。これを発生主義といいます。**「発生」とは、商品を仕入れたことやサービスの提供を受けたことをいいます。** 掛け取引などで、商品やサービスの提供を受けるタイミングと、代金を支払うタイミングが異なるときは注意が必要です。

　お金が動いたときに費用を計上することを、**現金主義**といいます。ただし、費用を計上するのは、お金を支払ったときではありません。経理の仕事において、現金主義の考え方は禁物です。

ルール❷ 実現主義

　収益を計上するタイミングは、その取引が実現したときです。これを**実現**

発生主義と実現主義

費用は発生主義

4月1日 ● 商品を仕入れた
　　　 │ 代金を支払った
3月31日 ↓

仕入先から商品を仕入れたとき（発生時）に費用を計上する

収益は実現主義

4月1日
商品の注文を受けたときではなく、納品したとき（実現）に収益を計上する
● 商品を納品する
3月31日

主義といいます。**具体的には、商品やサービスの提供が完了したときです。**

　たとえば、1年間で12万円かかる講座の受講料（月々1万円）を売上に計上する場合、契約時点で12万円の売上を計上するのではなく、**毎月1万円ずつ入金があったときに売上に計上していきます。** 講座を行うごとに収益が実現していくと考えるのです。

ルール③　費用収益対応の原則

　仕入れた商品が、決算日時点で売れずに残っていれば、**その在庫分の仕入額は費用に計上したままではいけません。** まだ売れていない分の仕入額まで費用として計上すると、利益が過少になりますし、利益調整にもつながってしまうからです。

　このように、売上に対応する分の仕入（原価）だけを費用として計上することを**費用収益対応の原則**といいます。

ルール④　費用配分の原則

　費用配分の原則とは、固定資産の減価償却（げんかしょうきゃく）のように**長期にわたり使用する資産の取得金額を、使用期間に応じて費用に配分していくための原則です。**

　固定資産は高額になることも多く、取得時に固定資産の全額を一度に費用計上すると、その年の利益が本当はどのくらいだったのかがわからなくなってしまいます。費用収益対応の原則と同じく、決算書上の費用を適切に計上するためのルールです。

費用収益対応の原則と費用配分の原則

費用収益対応の原則

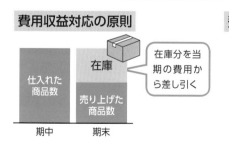

在庫分を当期の費用から差し引く

費用配分の原則

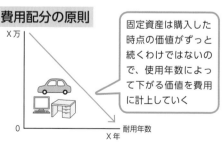

固定資産は購入した時点の価値がずっと続くわけではないので、使用年数によって下がる価値を費用に計上していく

売上原価の計算

モノを販売する業種にしても、サービスを提供する業種にしても売上原価の計算は重要です。費用収益対応の原則に基づいて、適正に計上しましょう。

売上に対応する仕入額だけが売上原価となる

　決算書作成のためのルールのうち、**費用収益対応の原則（→ P.95）と関係するのが売上原価の計算です。**商品を仕入れて販売する商売には、在庫がつきものです。在庫があるということは、仕入れたけれどもまだ売れていないものがあることを意味します。

　そこで決算書では、仕入れたもののうち、売れた分の仕入だけを売上原価として仕入（費用）に、売れ残った分は在庫として繰越商品（資産）にそれぞれ計上します。

売上原価の考え方

🏢 1年間の営業活動

仕入れた！
1個40円の商品を
100個仕入れた

仕入高 4,000円
@ 40円× 100個

期末までに

売れた！
1個80円で販売し、
60個が売れた

売上高 4,800円
@ 80円× 60個

当期の利益は……

❌ 売上高 4,800円 −仕入高 4,000円 ＝ 800円 ← 利益ではない

> 在庫も仕入高に含んでしまっているので、この計算は間違いです

費用収益対応の原則で考えると……

 売れた個数 × 仕入単価 = 売上原価

売れた分の仕入だけを売上原価とし、残りの仕入を在庫とするのです

仕入れた分（個数）100 個

商品

売れた分（個数）60 個　　　　手元の在庫（個数）40 個

● 売上高 4,800円 − 売上原価 2,400円 = 2,400円 ← 利益
　 当期仕入高 4,000円 − 売上原価 2,400円 = 1,600円 ← 在庫

※前期からの在庫がない場合

　売れた分の仕入だけを費用に計上するといっても、たとえば飲食店のようにさまざまな材料を仕入れて売るような商売では、1 つの売上に対して、かかった原価を細かく計算することが困難です。

　そのため、そのような商売では以下のように売上原価を差額で計算します。

売上原価の計算式

売上原価 = **期首○○棚卸高**（前期から繰り越してきた在庫） + **当期○○仕入高**（当期に仕入れた金額） − **期末○○棚卸高**（期末に残っている在庫）

※○○のところには、業種によって材料名や商品名などの種類が入る。

例　ある飲食店で使用される材料のりんご（1 個 @100 円）について、前期から繰り越された在庫が 3 個、当期に仕入れた分が 5 個、期末時点で残っていた在庫が 2 個だった。

前期から繰り越してきた在庫

当期に仕入れたもの

期首りんご棚卸高 + 当期りんご仕入高 − 期末りんご棚卸高 = 売上原価
300円　　　　　　 500円　　　　　　 200円　　　　　　 600円
（3個×100円）　　（5個×100円）　　（2個×100円）

次期へ繰り越される在庫　　この分が当期の費用！

当期に仕入れた分でも、売れずに残ったら在庫として次期に繰り越すのです

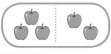

🏢 当期末時点の在庫を集計し、売上原価を計算する

当期の仕入については、毎月仕入を行うごとに計上されていますので、合計額を出せば OK です。また、前期末時点の在庫（棚卸高）は前期の決算書を見ればわかります。**あとは棚卸を行い、当期末時点の在庫を集計すれば、売上原価を計算することができます。**

売上原価の仕訳の仕方

前期から繰り越された商品 (期首商品棚卸高)：3,500円 (@ 50円 × 70個)

仕訳例
🖥 **4月10日に商品50個 (@ 100円) を売り上げ、代金は売り掛けとした。**

	借 方		貸 方	
4/10	売 掛 金	5,000	売 上	5,000

資産グループの売掛金が増えたので借方（左）に記入。

> **売上**
> ➕増 ➡右

仕訳例
🖥 **4月16日に商品200個 (@ 50円) を仕入れ、代金は買い掛けとした。**

	借 方		貸 方	
4/16	仕 入	10,000	買 掛 金	10,000

負債グループの買掛金が増えたので貸方（右）に記入。

> **仕入**
> ➕増 ⬅左

仕訳例
🖥 **8月20日に商品15個 (@ 100円) を売り上げ、代金は現金で受けとった。**

	借 方		貸 方	
8/20	現 金	1,500	売 上	1,500

資産グループの現金が増えたので借方（左）に記入。

> **売上**
> ➕増 ➡右

仕訳例
🖥 **11月3日に商品40個 (@ 100円) を売り上げ、代金は売り掛けとした。**

	借 方		貸 方	
11/3	売 掛 金	4,000	売 上	4,000

資産グループの売掛金が増えたので借方（左）に記入。

> **売上**
> ➕増 ➡右

わかりやすい例でモノの販売をあげましたが、費用収益対応の原則はあらゆる業種で適用されます。システム開発を外注先に依頼した場合に、システムが未完成で売上に計上されていなければ、その開発のための外注費も、システムが完成するまでは費用計上してはいけません。

　こうした場合は「在庫」ではありませんので、商品ではなく「未成ソフトウェア支出金」といった勘定科目が使われます。

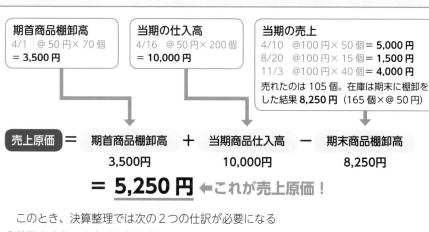

期首商品棚卸高	当期の仕入高	当期の売上
4/1　@50円×70個 = 3,500円	4/16　@50円×200個 = 10,000円	4/10 @100円×50個= 5,000円 8/20 @100円×15個= 1,500円 11/3 @100円×40個= 4,000円 売れたのは105個。在庫は期末に棚卸をした結果8,250円（165個×@50円）

売上原価	＝	期首商品棚卸高	＋	当期商品仕入高	ー	期末商品棚卸高
		3,500円		10,000円		8,250円

= **5,250円** ←これが売上原価！

　このとき、決算整理では次の2つの仕訳が必要になる
❶前期末時点の在庫（期首在庫） である繰越商品3,500円を**仕入として計上**する。
❷当期末時点の在庫8,250円を**繰越商品（資産）として計上**し、**仕入（費用）から除く。**

仕訳例
💻 **繰越商品（期首在庫）の3,500円を仕入として計上した。**

	借　　方		貸　　方	
4/1	期首商品棚卸高	3,500	繰 越 商 品	3,500

繰越商品
●減 ➡右

繰越商品は資産グループなので、
減る場合は貸方（右）に記入。

仕訳例
💻 **期末時点の在庫8,250円を仕入から除き、繰越商品として計上した。**

	借　　方		貸　　方	
3/31	繰 越 商 品	8,250	期末商品棚卸高	8,250

繰越商品
➕増 ←左

商品から振り替える仕入をとくに「期首商品棚卸高」、仕入から振り替える商品をとくに「期末商品棚卸高」といいます。どちらも仕入と考えてOKです

費用の繰り延べ・前払費用

事業を行う中で、当期分だけではなく、次期以降の費用を支払うことがあります。そのようなときに必要となるのが、費用の繰り延べです。

次期以降の費用を前払いした場合は「前払費用」で

前払費用（まえばらい）は、**次期以降の費用を前払いしたときに用いる勘定科目です。**

　何かのサービスを利用する際、数ヵ月分の料金を前払いすることがあります。家を借りるときの火災保険料や、1年分のシステム利用料を前払いする契約などです。当期の途中で、火災保険料1年分を支払った場合で考えてみましょう。料金は1年分を一括して支払います。しかし、**保険期間は1年間なので、費用としては当期分と次期分に分けて計上すべきです。**そこで、**前払費用**という勘定科目を使って、次期分の費用計上を先延ばしにします。先延ばしにする仕訳を**繰り延べ**といいます。

前払費用の考え方

火災保険料を1年分支払った例を見てみよう。

期首（4月1日）に1年分の火災保険料を支払った場合

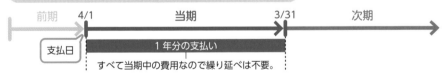

期中（ここでは6月1日）に1年分の火災保険料を支払った場合

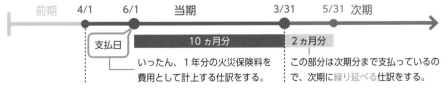

※一定の要件を満たせば、1年分の家賃を全額、支払った月の経費にすることができます。
　これを「短期前払費用の特例」といいます。

仕訳例

6月1日に1年分の火災保険料1万2,000円を支払った（期中の処理）。

	借　　方		貸　　方	
6/1	保　険　料　12,000	現　　　　金　12,000		

保険料を支払ったときの通常
の仕訳をする。

前払費用
なし

仕訳例

期末に次期分2,000円を当期分から繰り延べた（決算整理）。

	借　　方		貸　　方	
3/31	前　払　費　用　2,000	保　険　料　2,000		

前払費用は資産グループなので、　　次期分を減らす仕訳をする。
増加する場合は借方（左）に記入。

前払費用
⊕増 ←左

前払費用は将来的に費用になるお金を事前に支払った（将来お金を支払わなくてもよくなった）との考え方から、資産グループに含まれるのです

　さらに次期の期首（4月1日）時点で、期末に前払費用として繰り延べていた分を、元の仕訳にもどす処理を行います。

仕訳例

次期の期首に、前期末に繰り延べた保険料を改めて費用計上した（次期の期首の処理）。

	借　　方		貸　　方	
4/1	保　険　料　2,000	前　払　費　用　2,000		

すでに支払っていて繰り延べた保険料を、次期の
期首に費用とする仕訳をする。

前払費用
⊖減 ➡右

前払費用は決算整理のときに使用するものなので、決算が終了したら元にもどすのです

プラス1　次々期以降の繰り延べは「長期前払費用」で

　前払費用は、次期に費用化される分に対して使用します。次々期以降の費用を前払いした場合には、**長期前払費用**という勘定科目を使います。いずれにしても、費用を繰り延べるために使われる勘定科目です。

決算本手続き❺
費用の見越し・未払費用

前払費用とは反対に、当期の費用として計上すべきものを支払っていないケースがあります。そのようなときに使うのが未払費用です。

まだ支払っていない当期分の費用は「未払費用」で

未払費用は、**当期分に支払わなければならない費用を決算になっても支払っていないときに一時的に使用する勘定科目です。**

たとえば、毎月 20 日締め 25 日払いの給料の場合。決算が 3 月末だとすると、3 月 21 日から 3 月 31 日までの給料分については、4 月 25 日の支払いになります。本来は 3 月中の勤務の対価として払われるものなので、4 月 25 日払いの給料のうち、この 3 月分にあたる金額は未払いのまま、当期の費用として計上することになります。この仕訳を**費用の見越し**といいます。

未払費用の考え方

決算月の従業員の給料の例を見てみよう。

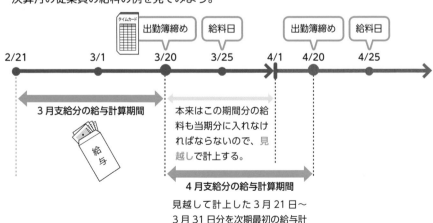

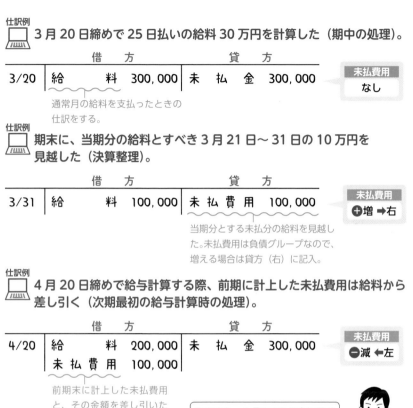

仕訳例

3月20日締めで25日払いの給料30万円を計算した（期中の処理）。

	借　　方	貸　　方	
3/20	給　　　料　300,000	未　払　金　300,000	**未払費用**　なし

通常月の給料を支払ったときの
仕訳をする。

仕訳例

期末に、当期分の給料とすべき3月21日〜31日の10万円を見越した（決算整理）。

	借　　方	貸　　方	
3/31	給　　　料　100,000	未　払　費　用　100,000	**未払費用**　＋増 →右

当期分とする未払分の給料を見越し
た。未払費用は負債グループなので、
増える場合は貸方（右）に記入。

仕訳例

4月20日締めで給与計算する際、前期に計上した未払費用は給料から差し引く（次期最初の給与計算時の処理）。

	借　　方	貸　　方	
4/20	給　　　料　200,000 未　払　費　用　100,000	未　払　金　300,000	**未払費用**　－減 ←左

前期末に計上した未払費用
と、その金額を差し引いた
給料を記入。

期が変わった最初の給料支払日だ
けこうした処理が必要になります

　未払費用には、未払いの給料のほかにも、借入金を利息も含めて一括返済する場合、当期分として利息を計上するときなどに使用されます。

実務のツボ

未払費用と未払金の違い

　未払費用と似ている勘定科目で、未払金（→ P.78）というものがあります。未払金は請求書を受領するなど、支払う金額が確定している場合に使います。一方、未払費用は未払給料や未払利息のように、経理側で金額を計算して費用を期間按分（あんぶん）する際に使用します。名前は似ていても、勘定科目の性質は異なります。決算書の作成にあたっても、しっかりと使い分けましょう。

第4章 決算整理と決算書

決算本手続き⑤　費用の見越し・未払費用

収益の見越し・未収収益

まだお金を受けとっていないけれど、収益に計上するケースもあります。そのときに使用する勘定科目が未収収益です。

まだ回収していない当期分の収益は「未収収益」で

未収収益は、まだ回収していない収益を当期分として計上する際に使用する勘定科目です。たとえば、取引先にお金を貸していて、返済は3年後に利息を含めて一括で返済されるケースで考えてみます。この場合、利息の受けとりは3年後となりますが、当期分の利息は発生します。

そのため、当期分の利息を計算し、収益に計上する必要があります。このときに**未収収益**という勘定科目を使用して処理します。こうした処理を**収益の見越し**といいます。

未収収益の考え方

取引先に、1年後に利息を含めた返済の約束で貸し付けた場合を見てみよう。

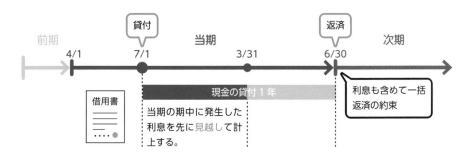

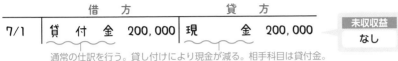

仕訳例

7月1日に取引先に翌年6月30日に利息とともに返済する約束で、現金20万円を貸し付けた（期中の処理）。

	借　方		貸　方	
7/1	貸　付　金	200,000	現　　　金	200,000

未収収益
なし

通常の仕訳を行う。貸し付けにより現金が減る。相手科目は貸付金。

仕訳例

期末に当期分の利息4,500円を見越した（決算整理）。

	借　方		貸　方	
3/31	未　収　収　益	4,500	受　取　利　息	4,500

未収収益
➕増 ⬅左

未収収益は現金と同じ資産グループなので、増える場合は借方（左）に記入。

仮に3年などの長期の貸し付けであっても、当期分の利息は当期の収益として見越す仕訳を行います

仕訳例

返済期日の6月30日に、利息6,000円とともに貸付金20万円が返済された（実際の利息の受けとり時の処理）。

	借　方		貸　方	
6/30	普　通　預　金	206,000	貸　付　金	200,000
			未　収　収　益	4,500
			受　取　利　息	1,500

未収収益
➖減 ➡右

見越して計上した未収収益を消し込む。通常通りに受けとった利息は、受取利息の勘定科目で処理する。

👉実務のツボ

未収収益と未収入金の違い

　未収収益と似ている勘定科目で、未収入金（→P.78）というものがあります。未払費用と未払金の関係とほぼ同じです。未収入金は入金される金額が確定している場合に使います。一方、未収収益は未収利息のように、経理側で金額を計算して収益を期間按分する際に使用します。

　勘定科目の性質は異なるので、決算書の作成にあたってもしっかりと使い分けましょう。

第4章 決算整理と決算書

決算本手続き❺ 収益の見越し・未収収益

収益の繰り延べ・前受収益

将来の収益を前もって受けとるケースがあります。そのときに、当期分の正しい収益として仕訳するための勘定科目が前受収益です。

🏢 次期以降の収益を前受した場合は「前受収益」で

前受収益（まえうけ）は、**次期以降の収益を前もって受けとったときに、当期分の正しい分のみを収益として計上するための勘定科目**です。

たとえば、不動産を貸している場合で、期中に1年分の家賃を前もって受けとったケースを考えてみましょう。1年分の家賃の中には、次期のものが含まれています。このときに当期分の家賃は通常通りの仕訳で収益計上し、次期以降の収益は前受収益として**負債計上**します。この仕訳を**収益の繰り延べ**といいます。

前受収益の考え方

次期分も含めた家賃を受けとった場合を見てみよう。

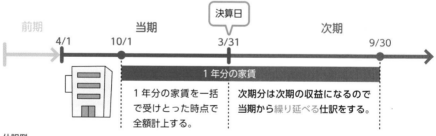

決算日

前期	当期		次期
4/1	10/1	3/31	9/30

1年分の家賃

1年分の家賃を一括で受けとった時点で全額計上する。

次期分は次期の収益になるので当期から繰り延べる仕訳をする。

💻 **仕訳例** 10月1日に、10月から翌年9月分までの1年間の家賃120万円を受けとった（期中の処理）。

	借　　方		貸　　方	
10/1	普 通 預 金	1,200,000	受 取 家 賃	1,200,000

前受収益
なし

通常の仕訳を行う。家賃を受けとったときの勘定科目は受取家賃を使用。

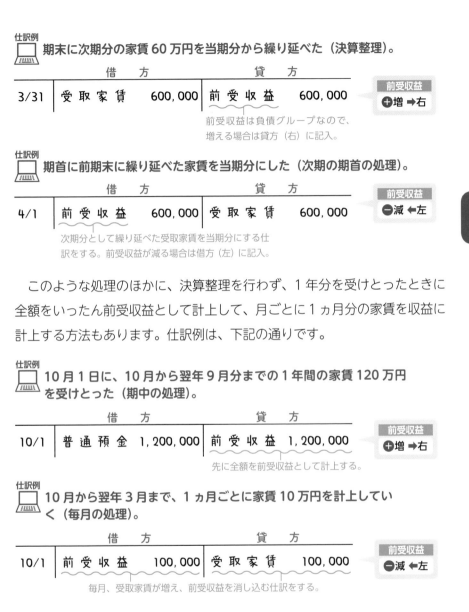

仕訳例 期末に次期分の家賃60万円を当期分から繰り延べた（決算整理）。

借　　方	貸　　方
3/31	受 取 家 賃　　600,000	前 受 収 益　　600,000

前受収益
➕増 ➡右

前受収益は負債グループなので、
増える場合は貸方（右）に記入。

仕訳例 期首に前期末に繰り延べた家賃を当期分にした（次期の期首の処理）。

借　　方	貸　　方
4/1	前 受 収 益　　600,000	受 取 家 賃　　600,000

前受収益
➖減 ⬅左

次期分として繰り延べた受取家賃を当期分にする仕
訳をする。前受収益が減る場合は借方（左）に記入。

　このような処理のほかに、決算整理を行わず、1年分を受けとったときに全額をいったん前受収益として計上して、月ごとに1ヵ月分の家賃を収益に計上する方法もあります。仕訳例は、下記の通りです。

仕訳例 10月1日に、10月から翌年9月分までの1年間の家賃120万円を受けとった（期中の処理）。

借　　方	貸　　方
10/1	普 通 預 金　　1,200,000	前 受 収 益　　1,200,000

前受収益
➕増 ➡右

先に全額を前受収益として計上する。

仕訳例 10月から翌年3月まで、1ヵ月ごとに家賃10万円を計上していく（毎月の処理）。

借　　方	貸　　方
10/1	前 受 収 益　　100,000	受 取 家 賃　　100,000

前受収益
➖減 ⬅左

毎月、受取家賃が増え、前受収益を消し込む仕訳をする。

　いずれの方法も、最終的に受取家賃が6ヵ月分計上されて、前受収益が6ヵ月分となることに変わりはありません。決算書に反映される収益の金額が正確であれば、どちらの方法で処理しても問題ありません。

決算本手続き❽
減価償却

決算書作成のルールのうち、費用配分の原則（→ P.95）と深い関係がある
ものが減価償却です。

🏢 使用期間と取得価額の基準がある

　固定資産とは、**1年以上の期間にわたって使用する資産**をいいます。パソ
コンや営業用自動車から、店舗や自社ビル、工場などの不動産、製造用の機
械など、さまざまなものが固定資産に該当します。

　**固定資産は数年にわたって使用され、かつ購入金額も高くなりがちなので
各期に分けて費用配分することが重要です。**これを**減価償却**といいます。

　1年以上の期間にわたって使用するというと、ハサミのような備品もあり

固定資産に該当する基準

固定資産

1年以上使用する資産　＋　取得価額10万円以上

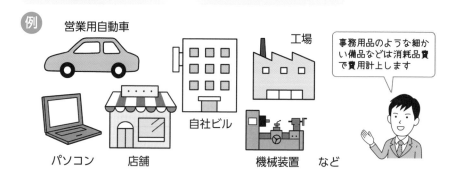

例　営業用自動車　工場　パソコン　店舗　自社ビル　機械装置　など

事務用品のような細かい備品などは消耗品費で費用計上します

ますが、こうした細かいものまでいちいち減価償却で処理をするのは大変です。そのため、固定資産として計上するには使用期間に加え、金額の基準があります。具体的には、**取得金額が10万円以上のもののみを、会計上の固定資産として扱います。** ハサミのような細かい備品などは、「消耗品費」などの勘定科目で費用計上します。

固定資産によって減価償却の期間が違う

　一口に固定資産といっても、種類によって使用可能な期間はさまざまです。パソコンは4年ほどで買い替えることもありますが、工場を4年ごとに建て替えるわけにはいきません。そこで、固定資産の種類ごとに減価償却の期間が決まっています。この期間のことを**耐用年数**といいます。

　耐用年数は任意で自由に設定できるわけではなく、**法人税や所得税のルールのもとで固定資産の種類ごとに決められています。** 実際の使用年数とかけ離れていることもありますが、経理上は決められた耐用年数で処理します。

主な固定資産の耐用年数

中小企業でよく出てくる資産を抜粋した。詳しくは国税庁のホームページなどで確認しよう。

減価償却の期間

資産名	耐用年数
パソコン	4年
社用車（普通車）	6年
事務用デスクやキャビネット	8年（金属製は15年）
テレビ	5年

※すべて新品のものとする。

耐用年数は、実際に使用する年数とは異なります。減価償却は、上記のように種類ごとに法律で決められた償却期間で行います

🏢 間接法か直接法のいずれかで計上する

　減価償却費の計上方法には、**間接法**と**直接法**の2通りがあります。**減価償却費が「費用」となることは変わりませんが、その相手科目をどうするかで計上方法が変わってきます。**

　表示上の問題なので、減価償却費の金額が変わることはありません。仕訳では、**「減価償却費」という勘定科目を使います。費用グループなので、増える場合は借方（左）に記入します。**

間接法の考え方

　相手には「減価償却累計額」という勘定科目を使って、固定資産のマイナスとして計上する方法。

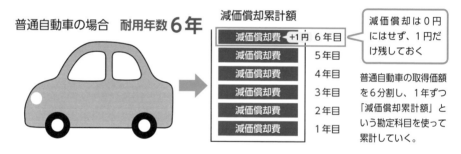

普通自動車の場合　耐用年数 **6年**

減価償却累計額

減価償却費 +1円	6年目
減価償却費	5年目
減価償却費	4年目
減価償却費	3年目
減価償却費	2年目
減価償却費	1年目

減価償却は0円にはせず、1円だけ残しておく

普通自動車の取得価額を6分割し、1年ずつ「減価償却累計額」という勘定科目を使って累計していく。

直接法の考え方

「減価償却累計額」を使わずに、固定資産の取得価額を直接マイナスする方法

普通自動車　耐用年数 **6年**

減価償却費 +1円	6年目
減価償却費	5年目
減価償却費	4年目
減価償却費	3年目
減価償却費	2年目
減価償却費	1年目

減価償却は0円にはせず、1円だけ残しておく

普通自動車の取得価額を6分割し、社用車なら「車両運搬具」など固定資産の勘定科目（→P.72）から直接、価値を減らしていく。

🏢 必要な情報によってどちらかを選んで統一する

どちらの方法を採用するかは、会社で統一すれば問題ありません。直接法のほうが使用する勘定科目が少ない分、処理がしやすいので、小さな会社で比較的多く使用されています。

ただし、**買ったときの金額を決算書上に表示させておきたい場合には、間接法をとることになります。**経理として減価償却費を計上する際には、間接法での計上が多いかもしれません。

間接法の場合

仕訳例
💻 期末に建物の取得金額から当期分の減価償却費 10 万円を計上した。

	借　　方		貸　　方	
3/31	減価償却費	100,000	減価償却累計額	100,000

減価償却費
➕増 ⬅左

間接法では、相手勘定は「減価償却累計額」を使用する。「建物」自体の金額は減らさない。

決算書の貸借対照表では、「建物」は購入した金額のまま表示されます

直接法の場合

仕訳例
💻 期末に建物の取得金額から当期分の減価償却費 10 万円を計上した。

	借　　方		貸　　方	
3/31	減価償却費	100,000	建　　物	100,000

減価償却費
➕増 ⬅左

直接法では直接、建物から価値を減らす処理をするので、相手科目は「建物」を使用する。

決算書の貸借対照表では「建物」から減らしているので、前期よりも金額が減ります

111

減価償却費の計算 ①定額法

減価償却費の計算方法には、いくつか種類があります。主な計算方法は、定額法と定率法の2種類です。

定額法は一定の「金額」で償却する方法

定額法は、**毎期の減価償却費を定額で計算する方法です。**取得価額をその固定資産の耐用年数で割って、毎期の減価償却費を計算します。減価償却費は月割りで計算しますが、期の途中で購入したり、期の途中で売却したりした場合は、使用した月数分を計上することになります。

また、減価償却の方法は耐用年数と同じく、法人税や所得税で資産の種類ごとに決められています（右ページ表）。

減価償却は個々の固定資産ごとに計算し、その合計を減価償却費として計上します。固定資産ごとにどの償却方法で計算すべきなのか、しっかりと把握しておきましょう。

定額法の考え方

耐用年数が4年のパソコンで考えてみよう。

取得価額			
1年目	2年目	3年目	4年目

毎年一定の金額を計上する

> ただし、最後の年は備忘記録として1円を残すため、マイナス1円

定額法による 減価償却費 ＝ (取得価額 ÷ 耐用年数) × 使用月数／12

仕訳例

期末に 12 万円で購入していたパソコン（2 年目）の減価償却費として、
30,000 円を計上した（間接法）。

	借　方		貸　方	
3/31	減価償却費	30,000	減価償却累計額	30,000

減価償却費
➕増 ⬅左

定額法なので、毎年同じ金額で計上していく。パソコンの耐用年数は
4 年なので、1 年に 30,000 円ずつ計上することになる。

期中で購入した場合は、使用期間で計算します

減価償却の方法

定額法と定率法のどちらを用いるかは、資産の種類と、会社か個人事業者かによって
変わる。正しい方法を選択して、計算すること。

資産の種類	会社		個人事業主	
	原則	選択	原則	選択
建　　物 構　築　物	定額法	－（選択不可）	定額法	－（選択不可）
機 械 装 置	定率法	定額法		定率法
車 両 運 搬 具				
工具器具備品				

※選択する場合は、税務署への届け出が必要となる（原則として、設立第 1 期の確定申告書の提出期限まで。新たな種類の固定資産
を取得した場合、取得した事業年度の確定申告書の提出期限まで）。

🏢 1 円だけ帳簿に残す「備忘記録」

固定資産は最後の 1 年に減価償却を終えると、金額が 0 円になってしま
います。そこで、固定資産が残っていることを示すために 1 円だけ残して
おくルールになっています。これを**備忘記録**といいます。**備忘記録はその固
定資産を売却したり、廃棄したりしたときに 0 円となります。**

仕訳例

7 月 10 日に 15 万円で取得し、すでに減価償却を終わらせた
機械装置を廃棄した（間接法）。

	借　方		貸　方	
7/10	固定資産除却損	1	機 械 装 置	150,000
	減価償却累計額	149,999		

減価償却累計額
➖減 ⬅左

備忘記録の 1 円は、「固定資産除却損」の勘定科目を使用して費用計上する。間接法で計上
していたので、減価償却累計額を減らす仕訳をする。機械装置も 0 円になるように仕訳する。

減価償却費の計算 ②定率法

**定率法は、購入した年の減価償却費の金額がもっとも高く、それから徐々に
少なくなっていく計算方法です。**

🏢 定率法は一定の「割合」で償却する方法

　定額法は、毎年同じ「金額」を減価償却費として計上していく方法でした。
一方、定率法は一定の「割合」で計算していきます。固定資産ごとの耐用年
数は定額法と同じで、税法で定められている通りです。そして、**耐用年数ご
とに決められた「償却率」を使って減価償却することになります。**

定率法の考え方

耐用年数が4年のパソコンで考えてみよう。

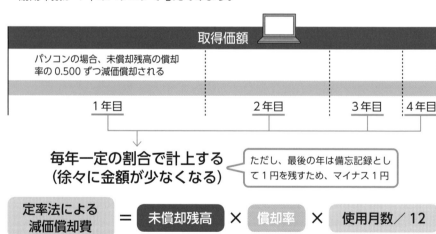

たとえば、耐用年数4年の償却率は0.500と定められています。30万
円で購入した固定資産の場合は、次のように償却します。

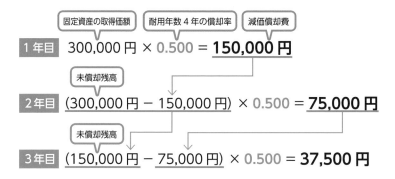

定率法では、**毎年の減価償却されていない金額（未償却残高）に償却率を
かけて計算します。**

定率法は途中で定額法に切り替わる

定率法の場合、もう1つ重要なポイントが**保証率**です。定率法では、そ
のまま計算していると毎年の減価償却費は少なくなっていきます。しかし、
ずっと減価償却が続いてしまうことになります。

そこで、定率法では**償却保証額**といって、減価償却費が償却保証額を下回っ
た時点で定額法に切り替えて計算します。

耐用年数4年の場合は、保証率0.12499となっています。上記の例では、

300,000円× 0.12499=**37,497円**

なので、37,497円が償却保証額となります。

4年目（75,000円− 37,500円）× 0.500=18,750円となり、償却保
証額を下回りました。そのため、4年目から未償却残高をベースにした定額
法に切り替わります。そのあとは、**改定償却率**を使って減価償却費の計算を
続けます。耐用年数4年の場合、改定償却率は1.000と定められています。
つまり、**4年目で未償却残高全額を減価償却する**ことになります。

実務的に重要なのは、耐用年数（→ P.109）の判断です。減価償却の計
算自体は、会計ソフトが計算してくれます。償却資産ごとの保証率や改定償
却率を知りたい場合は、国税庁が公表している定率法の償却率、改定償却率、
保証率の表を確認しましょう。

固定資産の売却・除却

保有している固定資産を売却・廃棄をしたときは、決算書からその固定資産を除く必要があります。

固定資産を売却したときの処理

　たとえば、社用車を買い替えるために下取りをする場合、古い社用車の売却と新しい社用車の購入の処理が必要です。このとき、売却した社用車は手元からなくなるので、**固定資産として計上されていた分も資産から削除する仕訳が必要です。**固定資産の売却時の仕訳は、減価償却費の計上を、直接法か間接法のどちらで処理しているかで変わってきます。

固定資産を売却するときの考え方

新しい社用車の購入		➡ 購入価額で仕訳をする
古い社用車の売却		➡ 減価償却方法で仕訳が変わる

　　➜ 直接法　残存価額をそのまま使って仕訳する。
　　➜ 間接法　購入価額で仕訳。売却までの減価償却累計額を使って仕訳する。

社用車の場合（4年目）に売却

		4年目	耐用年数 6年目
直接法	償却額	残存価額	

4年分は直接、「車両運搬具」の価値を減らしているので、売却の際は「車両運搬具」の金額をそのまま減らす仕訳をする。　この分の価値を減らす。

6年分の「車両運搬具」の価値を減らす処理を行う。

間接法	車両運搬具
	償却額

この4年分は「減価償却累計額」で処理しており、「車両運搬具」は購入時の金額のままなので、この4年分を差し引く仕訳も同時にする。

固定資産を売却して売却益が出た場合

200万円で購入し、190万円まで減価償却費を計上した社用車を30万円で売却したケースで考えてみましょう。未償却残高10万円の固定資産が30万円で売れたので、**固定資産売却益**として20万円が計上されます。

どちらの方法にしても売却益は変わりませんが、仕訳の方法が変わります。**直接法であれば、取得価額から減価償却費を直接減らしているので、残っている固定資産の帳簿価額をそのまま0円にするだけです。**

一方、間接法では、取得価額はそのままで、減価償却累計額を使ってマイナスしているため、**取得価額を0円にしつつ、対応する減価償却累計額も0円になるようにします。**間接法は、売却した固定資産にかかる減価償却累計額を確認する必要があるので、ひと手間かかります。

直接法の場合

仕訳例
🖥 **200万円で購入後、190万円まで減価償却費を計上した社用車を3月20日に30万円で売却した。**

	借　　方		貸　　方	
3/20	現　　金	300,000	車両運搬具	100,000
			固定資産売却益	200,000

売却額から未償却残高を差し引き、20万円の売却益が出たので「固定資産売却益」として記入。

社用車の未償却残高を「車両運搬具」として記入。

間接法の場合

仕訳例
🖥 **200万円で購入後、190万円まで減価償却費を計上した社用車を3月20日に30万円で売却した。**

	借　　方		貸　　方	
3/20	現　　金	300,000	車両運搬具	2,000,000
	減価償却累計額	1,900,000	固定資産売却益	200,000

これまでの償却額を「減価償却累計額」として記入。

社用車の購入時の金額を「車両運搬具」として記入。

間接法では、固定資産の金額を減らさないので、売却額＋減価償却累計額が借方に記入されます

🏢 固定資産を売却して売却損が出た場合

　今度は売却損が出た場合の仕訳を見ていきましょう。200万円で購入し、190万円まで減価償却費を計上した社用車を7万円で売却したケースで考えてみます。今度は差し引き3万円のマイナスとなったので、**固定資産売却損**として借方に計上します。

直接法の場合

仕訳例
💻 **200万円で購入後、190万円まで減価償却費を計上した社用車を3月20日に7万円で売却した。**

	借　　方		貸　　方	
3/20	現　　　金	70,000	車両運搬具	100,000
	固定資産売却損	30,000		

差し引き3万円のマイナスになったので、借方（左）に記入。

間接法の場合

仕訳例
💻 **200万円で購入後、190万円まで減価償却費を計上した社用車を3月20日に7万円で売却した。**

	借　　方		貸　　方	
3/20	現　　　金	70,000	車両運搬具	2,000,000
	減価償却累計額	1,900,000		
	固定資産売却損	30,000		

減価償却累計額＋売却された金額と、購入時の金額の差3万円を「固定資産売却損」として計上。

直接法であっても、間接法であっても、借方と貸方の金額は必ず一致します。勘定科目と金額が正しく計上されているか、よくチェックしましょう

🏢 固定資産を廃棄したときの処理

固定資産を廃棄したときも、固定資産を削除する必要があります。廃棄によって固定資産を資産から削除することを、**除却**といいます。

直接法の場合

💻 **仕訳例**
200万円で購入後、190万円まで減価償却費を計上した機械装置を3月20日に廃棄した。

	借　　方		貸　　方	
3/20	固定資産除却損	100,000	機 械 装 置	100,000

残存価額10万円をゼロにする仕訳を行う。
「固定資産除却損」という勘定科目で記入。

間接法の場合

💻 **仕訳例**
200万円で購入後、190万円まで減価償却費を計上した機械装置を3月20日に廃棄した。

	借　　方		貸　　方	
3/20	固定資産除却損	100,000	機 械 装 置	2,000,000
	減価償却累計額	1,900,000		

間接法で処理していたので、減価償却
累計額の勘定科目で記入。

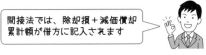

間接法では、除却損＋減価償却
累計額が借方に記入されます

除却の場合、お金が入ってくるわけではないので、利益が出ることはありません。除却益はあり得ないということです。

とくに除却の場合、お金が入ってこないので資産から削除する仕訳処理が漏れることがあります。 決算時に、廃棄した固定資産がないかしっかりとチェックしておきましょう。

貸倒引当金

売掛金や貸付金が回収不能になるなどのリスクに備えて、あらかじめ費用として見込み額を計上しておくものが貸倒引当金です。

債権の全部が回収されないリスクがある

　貸倒引当金（かしだおれひきあてきん）は、取引先の倒産で売掛金（うりかけきん）が回収できない、貸し付けたお金がもどってこないなどの**リスクに備えて、あらかじめ費用として貸し倒れの見込み額を計上しておくもの**です。

　たとえば、掛け取引をしている取引先が倒産して、売掛金が回収できなくなったとします。その場合、**残っている売掛金は価値としては０円なので、費用に振り替える処理が必要です。** これを**貸倒損失**（かしだおれそんしつ）といいます。ここでの貸し倒れという言葉は、貸したお金だけではなく、幅広く債権が回収できなくなったときに使われます。

　掛け取引を行う場合、取引先によって可能性の差はありますが、常に貸し倒れの危険性があるのです。

掛け取引の場合、債権回収のリスクがある

　商品の売上がたくさんあったが、すべて売り掛けや手形だと、商品の納品・サービスの提供後、入金されるまでに時間があく。

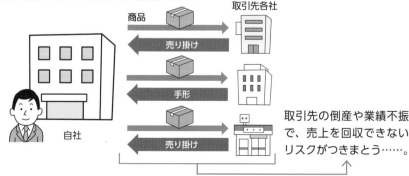

取引先各社

商品
売り掛け

手形

売り掛け

自社

取引先の倒産や業績不振で、売上を回収できないリスクがつきまとう……。

🏢 あらかじめ貸倒損失に備える処理をする

　貸し倒れの可能性に備えて計上しておくものが、貸倒引当金です。もし100万円の売掛金が貸し倒れした場合、100万円の貸倒損失が費用として計上されます。その全額が当期に取引したものであればいいのですが、**期をまたいで取引がある場合、貸し倒れが発生した期に一括で費用が計上されることになります。**費用収益対応の原則のもと、こうしたかたよりをなくすために、将来起こるであろう貸し倒れの額を見積もって計上しておきます。

仕訳例
💻 期末に将来の貸倒損失の見積額として、10万円を貸倒引当金として計上する。

	借　　方	貸　　方	
3/31	貸倒引当金繰入額　　100,000	貸倒引当金　　100,000	貸倒引当金 ➕増 ➡右

相手科目は「貸倒引当金繰入額」を使用する。

貸倒引当金は負債グループなので、増える場合は貸方（右）に記入。

　仕訳としては、非常に単純です。見積額そのものの計算は、過去の**貸倒率**などを用いて計算します。貸倒引当金の計上では、仕訳以上に金額の計算が重要です。

売掛金や受取手形などの一般債権は貸倒実績率法で計算する

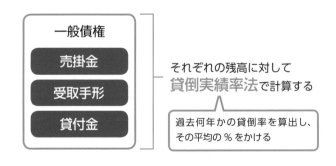

一般債権
- 売掛金
- 受取手形
- 貸付金

それぞれの残高に対して
貸倒実績率法で計算する

過去何年かの貸倒率を算出し、その平均の％をかける

第4章　決算整理と決算書　決算本手続き⑫　貸倒引当金

121

精算表

決算整理がひと通り終わったら、その内容を決算書に反映させます。その橋渡しをするものが、精算表です。

2つの決算書をつくるための表

精算表とは、**残高試算表（→右ページ）**にこれまで決算整理で行った仕訳を組み合わせて、**貸借対照表と損益計算書を作成するための表**です。

一般的な精算表には**残高試算表、整理記入、貸借対照表、損益計算書**の4つのブロックがあり、それぞれ借方・貸方に分かれています。合計8列に分かれるので、**8桁精算表**といいます。

決算書作成までは、次の3ステップがあります。

ステップ1	決算月末の残高試算表の金額を精算表に転記する
ステップ2	決算整理で行った仕訳を精算表に記入する
ステップ3	損益計算書と貸借対照表に振り分ける

＋1 会計ソフトを使う場合もおぼえておこう

会計ソフトを使用していれば、精算表の作成プロセスを飛ばして、そのまま決算書が完成します。実務上も精算表を作成せずに、決算整理で行った仕訳から、そのまま決算書の作成に移ることが多いでしょう。とはいえ、簿記の基本的な表の1つなので、構造を理解しておくことは大切です。

ステップ1　決算月末の残高試算表の金額を精算表に転記する

　毎月末に作成した残高試算表を使って決算整理に入る。決算月の月末で残高試算表を締め切り、期末残高の数字を精算表の残高試算表欄にそのまま転記する。

残高試算表
令和〇年3月31日

	前月末残高	当月 借方	当月 貸方	期末残高	
普 通 預 金	4,000,000			5,000,000	資産
売 掛 金	2,500,000			2,000,000	
商 品	250,000			250,000	
前 払 費 用	120,000			100,000	
工 具 器 具 備 品	450,000			450,000	
減価償却累計額	-100,000			-100,000	
買 掛 金	2,000,000			2,000,000	負債
未 払 金	600,000			600,000	
預 り 金	250,000			250,000	
長 期 借 入 金	1,000,000			1,000,000	
資 本 金	1,000,000			1,000,000	純資産
利 益 剰 余 金	2,370,000			2,850,000	
売 上 高	20,000,000			25,000,000	収益
仕 入 高	8,000,000			10,000,000	費用
給 与	7,200,000			8,000,000	
法 定 福 利 費	1,100,000			1,200,000	
外 注 費	500,000			500,000	
広 告 宣 伝 費	110,000			110,000	
旅 費 交 通 費	200,000			200,000	
通 信 費	120,000			120,000	
消 耗 品 費	10,000			10,000	
地 代 家 賃	300,000			400,000	
支 払 手 数 料	50,000			50,000	
会 議 費	100,000			100,000	
保 険 料	0			100,000	
当 期 純 利 益	2,310,000			4,310,000	

貸借対照表

損益計算書

各月末の数字が入る

それまでの数字の累計が入る

　表の1番下にある当期純利益は、「収益」である売上高から、「費用」の仕入高から保険料までの合計金額を差し引いて出た金額です。

当期純利益 ＝ 収益 － 費用

P.96 〜 P.121 で見てきた決算整理仕訳の内容を、下記のようにまとめる。それぞれの金額を、精算表の整理記入欄にそのまま転記する。

P.96 〜 P.121 の決算整理で行った仕訳を勘定科目
ごとに、借方・貸方それぞれに金額を記入していく。

	借 方		貸 方	
①	仕　　　　入	250,000	繰 越 商 品	250,000
②	繰 越 商 品	300,000	仕　　　　入	300,000
③	貸倒引当金繰入額	15,000	貸 倒 引 当 金	15,000
④	前 払 費 用	80,000	保 　険 　料	80,000
⑤	支 払 利 息	10,000	未 払 費 用	10,000
⑥	未 収 収 益	45,000	受 取 利 息	45,000
⑦	受 取 地 代	50,000	前 受 収 益	50,000
⑧	減 価 償 却 費	200,000	減価償却累計額	200,000

借方・貸方ともに同じ金額なので、合計金額は同じ金額で締め切られる。

プラス+1 利益剰余金の考え方

　損益計算書に表示される当期純利益（赤字の場合は当期純損失）は、貸借対照表の利益剰余金に組み込まれる。利益剰余金は各期の数字が累計されていく。つまり、毎期の当期純利益の累計が利益剰余金となる。

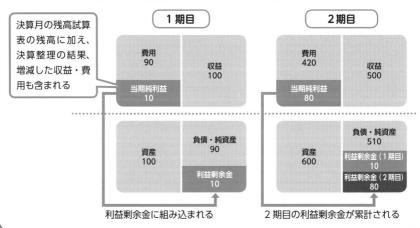

決算月の残高試算
表の残高に加え、
決算整理の結果、
増減した収益・費
用も含まれる

1 期目　　　　　　　　　　　2 期目

費用 90　収益 100　　　費用 420　収益 500
当期純利益 10　　　　　当期純利益 80

資産 100　負債・純資産 90　利益剰余金 10
資産 600　負債・純資産 510　利益剰余金（1 期目）10　利益剰余金（2 期目）80

利益剰余金に組み込まれる　　2 期目の利益剰余金が累計される

残高試算表と決算整理仕訳の金額を記入した精算表

ステップ 1 〜 2 を終えた精算表は、下記の通りになる。

精算表
令和〇年 3 月 31 日

ステップ1　　　ステップ2

	残高試算表		整理記入		損益計算書		貸借対照表	
	借方	貸方	借方	貸方	借方	貸方	借方	貸方
普通預金	5,000,000							
売掛金	2,000,000							
商品	250,000		② 300,000	① 250,000				
前払費用	100,000		④ 80,000					
未収収益			⑥ 45,000					
工具器具備品	450,000							
減価償却累計額		100,000		⑧ 200,000				
買掛金		2,000,000						
未払金		600,000						
未払費用				⑤ 10,000				
未払法人税等				1,250,000				
前受収益				⑦ 50,000				
貸倒引当金				③ 15,000				
預り金		250,000						
長期借入金		1,000,000						
資本金		1,000,000						
利益剰余金		2,850,000	1,350,000					
売上高		25,000,000						
仕入高	10,000,000		① 250,000	② 300,000				
給料	8,000,000							
法定福利費	1,200,000							
外注費	500,000							
広告宣伝費	110,000							
旅費交通費	200,000							
通信費	120,000							
消耗品費	10,000							
地代家賃	400,000							
支払手数料	50,000							
会議費	100,000							
保険料	100,000			④ 80,000				
減価償却費			⑧ 200,000					
貸倒引当金繰入額			③ 15,000					
受取地代		100,000	⑦ 50,000					
受取利息				⑥ 45,000				
支払利息			⑤ 10,000					
法人税等			1,250,000					
当期純利益	4,310,000			1,350,000				
	32,900,000	32,900,000	3,550,000	3,550,000				

> 各勘定科目の金額が、借方・貸方それぞれに正しく転記されているかよく確認しましょう

> 当期純利益をベースに法人税等（→ P.176 〜 185）の金額を計算し、未払法人税等の増（貸方）、法人税等の増（借方）に記入する。

> 決算整理により、利益減が①＋⑧＋③＋⑦＋⑤＝525,000円、利益増が②＋④＋⑥＝425,000円。その差額100,000円と法人税等の金額125万円を足した135万円が決算整理の結果、減少した利益として、利益剰余金の減（借方）／当期純利益の減（貸方）に記入される。

残高試算表欄、整理記入欄それぞれの借方・貸方の金額を計算して、貸借対照表と損益計算書の欄に記入していく。

精算表
令和〇年3月31日

	残高試算表 借方	残高試算表 貸方	整理記入 借方	整理記入 貸方	損益計算書 借方	損益計算書 貸方	貸借対照表 借方	貸借対照表 貸方
普通預金	5,000,000						5,000,000	
売掛金	2,000,000						2,000,000	
商品	250,000		300,000	250,000			300,000	
前払費用	100,000		80,000				180,000	
未収収益			45,000				45,000	
工具器具備品	450,000						450,000	
減価償却累計額		100,000		200,000				300,000
買掛金		2,000,000						2,000,000
未払金		600,000						600,000
未払費用				10,000				10,000
未払法人税等				1,250,000				1,250,000
前受収益				50,000				50,000
貸倒引当金				15,000				15,000
預り金		250,000						250,000
長期借入金		1,000,000						1,000,000
資本金		1,000,000						1,000,000
利益剰余金		2,850,000	1,350,000					1,500,000
売上高		25,000,000				25,000,000		
仕入高	10,000,000		250,000	300,000	9,950,000			
給料	8,000,000				8,000,000			
法定福利費	1,200,000				1,200,000			
外注費	500,000				500,000			
広告宣伝費	110,000				110,000			
旅費交通費	200,000				200,000			
通信費	120,000				120,000			
消耗品費	10,000				10,000			
地代家賃	400,000				400,000			
支払手数料	50,000				50,000			
会議費	100,000				100,000			
保険料	100,000			80,000	20,000			
減価償却費			200,000		200,000			
貸倒引当金繰入額			15,000		15,000			
受取地代		100,000	50,000			50,000		
受取利息				45,000		45,000		
支払利息			10,000		10,000			
法人税等			1,250,000		1,250,000			
当期純利益	4,310,000			1,350,000	2,960,000			
	32,900,000	32,900,000	3,550,000	3,550,000	25,095,000	25,095,000	7,975,000	7,975,000

（表中の吹き出し）貸借対照表（資産・負債・純資産）の勘定科目の金額を計算し、貸借対照表欄に記入する

（表中の吹き出し）損益計算書（収益・費用）の勘定科目の金額を計算し、損益計算書欄に記入する

商品（在庫）や仕入高など、残高試算表欄と整理記入欄の両方に金額が記入されるものは下記のように計算して、損益計算書欄・貸借対照表欄にそれぞれ記入する。

借方 － 貸方 ＋ 借方 － 貸方

同じ借方どうしは＋、反対の貸方にある場合は－して計算する。

例 商品の計算

残高試算表 借方 ＋ 整理記入 借方 － 貸方 ＝ 貸借対照表 借方

250,000 ＋ 300,000 － 250,000 ＝ 300,000

計算してプラスになった場合は借方に、マイナスになった場合は貸方に記入する

貸借対照表と損益計算書の形式にまとめる

貸借対照表

甲乙丙株式会社 　　　令和〇〇年 3 月 31 日

(単位：円)

資産の部			負債の部		
Ⅰ　流動資産			Ⅰ　流動負債		
普通預金	5,000,000		買掛金	2,000,000	
売掛金	2,000,000		未払金	600,000	
貸倒引当金	▲ 15,000		未払費用	10,000	
商品	300,000		未払法人税等	1,250,000	
前払費用	180,000		前受収益	50,000	
未収収益	45,000		預り金	250,000	
流動資産合計		7,510,000	流動負債合計		4,160,000
Ⅱ　固定資産			Ⅱ　固定負債		
（有形固定資産）			長期借入金	1,000,000	
工具器具備品	450,000		固定負債合計		1,000,000
減価償却累計額	▲ 300,000				
固定資産合計		150,000	負債合計		5,160,000
			純資産の部		
資産合計		7,660,000	Ⅰ　株主資本		
			資本金	1,000,000	
			Ⅱ　利益剰余金		
			その他利益剰余金	1,500,000	
			純資産合計		2,500,000

貸借対照表は左側に資産の部、右側に負債の部と純資産の部が並ぶ。資産の部はさらに流動資産・固定資産などに、負債の部は流動負債・固定負債などに分けられる（詳しい構造と見方は P.216 ～ 219）。

精算表にまとめたそれぞれの金額を、貸借対照表と損益計算書に落とし込む

損益計算書

甲乙丙株式会社

自令和〇〇年 4 月 1 日
至令和××年 3 月 31 日
(単位：円)

Ⅰ　売上高		25,000,000
Ⅱ　売上原価		
期首商品棚卸高	250,000	
当期商品仕入高	10,000,000	
合計	10,250,000	
期末商品棚卸高	300,000	9,950,000
売上総利益		15,050,000
Ⅲ　販売費及び一般管理費		
給料	8,000,000	
法定福利費	1,200,000	
外注費	500,000	
広告宣伝費	110,000	
旅費交通費	200,000	
通信費	120,000	
消耗品費	10,000	
地代家賃	400,000	
支払手数料	50,000	
会議費	100,000	
保険料	20,000	
減価償却費	200,000	
貸倒引当金繰入額	15,000	10,925,000
営業利益		4,125,000
Ⅳ　営業外収益		
受取地代	50,000	
受取利息	45,000	95,000
Ⅴ　営業外費用		
支払利息	10,000	10,000
経常利益		4,210,000
Ⅵ　特別利益		0
Ⅶ　特別損失		0
税引前当期純利益		4,210,000
法人税等		1,250,000
当期純利益		2,960,000

損益計算書は売上高、売上原価、販売費及び一般管理費、営業外収益、営業外費用、特別利益、特別損失という項目で分けられる。売上総利益、営業利益、経常利益、税引前当期純利益、当期純利益という 5 つの利益が示される（詳しい構造と見方は P.212 ～ 215）。

決算書の作成

精算表の作成が終わったら、いよいよ決算書の作成です。経理にとって、1年間の業務の集大成といえます。

🏬 決算書の構造を知る

決算書はいくつかのブロックで構成されていますが、メインは**損益計算書**（そんえきけいさんしょ）と**貸借対照表**（たいしゃくたいしょうひょう）です。これまでの仕訳を積み重ねていくものなので、決算書の作成といっても特別に行うことはありません。会計ソフトであれば、ボタン1つで決算書を出力することもできます。

何より重要なのは、決算書の数字が正確かどうかです。前期の決算書と見比べるなどして、大きく数字が変わった勘定科目がないか、新たに発生した勘定科目がないかなどチェックしてみましょう。

決算書のレイアウトには、縦に勘定科目を並べた**報告式**と、表形式の**勘定式**の2つがあります。損益計算書は、報告式が一般的です。貸借対照表は勘定式・報告式のいずれも用いられますが、一般的には勘定式が多いかもしれません。

損益計算書と貸借対照表のおおまかな構成

損益計算書

収益と費用の発生原因ごとに上から表示される。

`報告式`

```
Ⅰ【売上高】
      売上高
Ⅱ【売上原価】
      仕入高
         売上総利益
              ⋮
```

貸借対照表

資産が左側、負債と純資産が右側に表示される。

`勘定式`

資産の部	負債の部
	純資産の部

損益計算書の配列を知る

損益計算書は、報告式でつくるのが一般的です。**勘定科目の並び方は、収益と費用の発生原因ごとに順番に表示する様式になっています。**大きく分けて営業損益計算、経常損益計算、純損益計算に区分されています。

営業損益計算	主たる営業活動によって生じた収益から、費用を差し引いたもの。
経常損益計算	経常的な経営活動によって生じた収益から、費用を差し引いたもの。
純損益計算	収益の総額から、費用の総額を差し引いたもの。

損益計算書の様式と構造

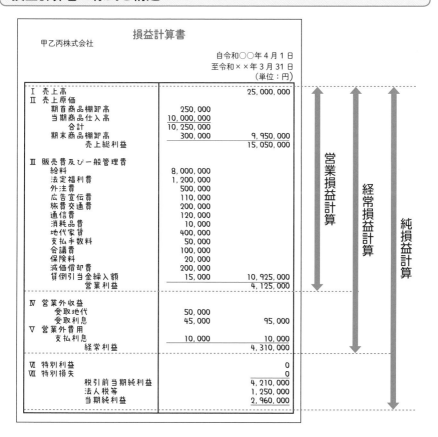

貸借対照表の配列を知る

　貸借対照表については、勘定科目の並び方も重要です。まずは現金・預金、次に売掛金、最後に固定資産や投資などといったように、**現金化される時期が早い順に記載していくことが一般的です。**これを**流動性配列**といいます。

　決算書を見る人にとって、とくに気になり、かつ直感的に理解しやすいのは、どれだけキャッシュ（現金）をもっているかです。**その点で流動性配列は、決算書を見る側にとって気になることから順に並んだ配列といえます。**

貸借対照表の様式と構造

貸借対照表

甲乙丙株式会社　　　　　令和〇〇年 3 月 31 日

(単位：円)

資産の部			負債の部		
I　流動資産			I　流動負債		
普通預金	5,000,000		買掛金	2,000,000	
売掛金	2,000,000		未払金	600,000	
貸倒引当金	▲ 15,000		未払費用	10,000	
商品	300,000		未払法人税等	1,250,000	
前払費用	180,000		前受収益	50,000	
未収収益	45,000		預り金	250,000	
流動資産合計		7,510,000	流動負債合計		4,160,000
II　固定資産			II　固定負債		
（有形固定資産）			長期借入金	1,000,000	
工具器具備品	450,000		固定負債合計		1,000,000
減価償却累計額	▲ 300,000				
固定資産合計		150,000	負債合計		5,160,000
			純資産の部		
資産合計		7,660,000	I　株主資本		
			資本金	1,000,000	
			II　利益剰余金		
			その他利益剰余金	1,500,000	
			純資産合計		2,500,000

第 **5** 章

毎日・毎月・毎年の 経理の仕事

経理の仕事は日々の経費精算や会計書類の管理から、年1回の決算業務、
年末調整などに至るまで、多岐にわたります。
経理のエキスパートを目指しましょう。

会社組織の構成と経理

経理を含め、会社はさまざまな組織から成り立っています。どんな企業でも
最終のゴールは同じ、「利益を出すこと」です。

会社の目的は利益を出すこと

　会社の存在目的、それは**利益**を出すことです。このように書くと、なんだ
か無機的な感じがしてしまいますが、従業員に給料や賞与を支払ったり、会
社の維持費を支払ったり、あるいは事業を拡大するために新たな投資をした
りするなど、何をするにしてもお金が必要です。

　事業を拡大していけば、新たな雇用が発生しますし、他社との取引拡大を
通して、社会全体の経済によい影響も波及していきます。「社会貢献」といっ
た言葉もありますが、会社の場合、利益を上げていること自体が社会貢献と
もいえます。

株式会社の構造（組織図の一例）

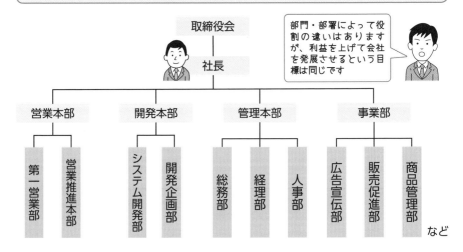

取締役会

社長

部門・部署によって役
割の違いはあります
が、利益を上げて会社
を発展させるという目
標は同じです

営業本部
　第一営業部
　営業推進本部

開発本部
　システム開発部
　開発企画部

管理本部
　総務部
　経理部
　人事部

事業部
　広告宣伝部
　販売促進部
　商品管理部

など

会社の種類は主に2つに分けられる

　会社の形態には大きく分けて、**株式会社**と**合同会社**の2種類があります。もともとは株式会社が大多数でしたが、合同会社も年々増加傾向にあります。経理の仕事で見れば、この2つの会社形態でやるべきことに変わりはありません。

　この2つの会社の違いで大きいのは、**出資者が誰なのか**という点です。株式会社であれば経営者が出資することもあれば、外部の投資家が出資することもあります。上場会社では、個人投資家や投資会社など多くの外部株主が存在します。一方、合同会社では、基本的に経営者＝出資者となります。会社をつくった経営者たちが、自らお金を出し合って運営するのが合同会社です。

　元手となるお金の集め方に違いがあるわけですが、経理業務に違いはありません。**どちらの会社で働くにしても、経理が果たすべき役割は同じです。**

株式会社と合同会社の違い

株式会社

出資

会社

利益が出たら配当金

外部の
投資家など

合同会社

出資

会社

関係する
経営陣

さまざまな会計ソフト

いまや経理の仕事に、会計ソフトの使用は欠かせません。ITの進化に伴い、現在ではさまざまな会計ソフトが利用されています。

会計ソフトのタイプを押さえる

　会計ソフトの利用は、経理業務のスピードアップに直結します。下記のようにパソコンにインストールして使用するものから、インターネット上で利用するクラウドタイプまで、さまざまな会計ソフトがあります。

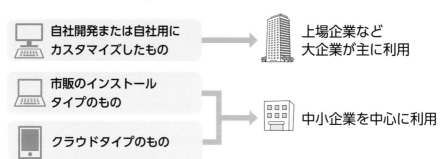

　クラウドタイプのものは、インターネットの通信速度が上がってくるにつれて浸透してきました。**インターネットにつながっていれば、どこからでもアクセスできるため、数人で営む小規模な事業者を中心に利用されています。**クラウドタイプを使用する際は、とくにセキュリティ管理の徹底が重要です。

　経理処理のスピードでは、インストールタイプのほうに分があります。小規模な企業の社長であれば自ら使用する会計ソフトを選べますが、経理部の場合、会計ソフトはあらかじめ会社が使っているものを利用することになります。また、どのようなソフトでも障害が発生してデータが消去される可能性もあるので、必ずバックアップをとっておきます。

🏢 どれだけ便利になっても簿記の知識が必要

　会計ソフトは多種多様で、毎年改良が行われて便利になっています。銀行口座やクレジットカード会社とのデータ連携や、レシートの読みとりによる経費処理など、便利な機能も続々と追加されています。**こうした会計ソフトの進化により、とくに仕訳を入力する時間は飛躍的に短くなりました。**

　しかし、どれだけ便利になっても、経理のスキルとして簿記の知識は必須です。自動的に入力された仕訳が正しい勘定科目になっているかなど、最終的な確認は人が行わなければならないからです。「会計ソフトが自動で入力したのだから、正しいに違いない」という思い込みは禁物です。

　また、簿記の知識があれば、どのような会計ソフトを使うことになっても対応できます。会計ソフトはあくまでツールであり、それを使いこなすには簿記の知識をもった人の力が大切なのです。

会計ソフトは入力のサポートをしてくれるだけ

正確な書類が作成されたかチェックできるようにするぞ！

数字を見るだけで財政状態がわかるようにスキルアップするぞ！

💻 会計ソフトは…

書類作成

⭕ 入力されたデータをもとに書類をつくるのは得意！

でも…

誤りのチェック

❌ 入力されたデータに間違いがないか

❌ 間違いやトラブルがどこにあるか　　　　　など は見つけられない…

経営判断

❌ 会社の数字を見て、経営状態の改善ポイントはどこか

❌ 今後、どのような経営戦略を立てるべきか　　　　　など は判断できない…

経理は経営のサポート役

経理の仕事は日々の取引を記帳するだけでなく、会社の資金繰りを管理する財務の仕事も重要な業務の1つです。

資金繰りは会社の生命線！

会社経営を続けていくには、お金が重要です。経営や投資の世界では、**「キャッシュ・イズ・キング」**という言葉がありますが、まさにお金の重要性を表しています。

経理業務でお金の重要性がわかる例として、売掛金（うりかけきん）の回収状況があります。たくさんの売上が上がっても、そのすべてが売掛金で、売掛金の回収が滞（とどこお）ってしまえば経営を圧迫します。売上が多くなるほど仕入も増えますし、法人税などの税金も高くなります。しかし、**売掛金を回収できていなければ、仕入の支払いや税金の納付がままならず、ひどいときには資金ショートしてしまいます。**この極端な例が、売上が上がって帳簿上は黒字なのに、手元の現金がなくて倒産する、いわゆる**黒字倒産**です。こうした最悪の事態を防ぐために、会社のお金の流れをコントロールする資金繰りが欠かせません。

売掛金が多い事業はとくに注意する

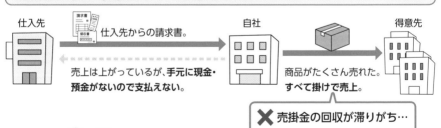

仕入先　　　仕入先からの請求書。　　　自社　　　　　　　　　　得意先

売上は上がっているが、**手元に現金・預金がないので支払えない。**

商品がたくさん売れた。**すべて掛けで売上。**

✖ **売掛金の回収が滞りがち…**

計画性をもって売掛金の回収をするようにする！
経理は資金繰りをサポートする

資金繰り表は経理が率先して管理する

　資金繰りにおいて、経理は重要な役割を果たします。そのために必要なのが、お金の出入金を管理するための**資金繰り表**です。売掛金がいつ・いくら入ってくるのか、買掛金や諸経費をいつ・いくら支払うのか、手元の現金・預金の残高はいくらかを常に把握し、資金ショートしないようにコントロールするための表です。

　会社に資金繰り表がなければ、経理が率先して作成しましょう。月ベースでいえば、給料や社会保険料の支払い、仕入先などへの支払い、借入金の返済など、固定の支払いがあります。一方、売上がいつ入金されるかも、請求書を発行していればわかります。

　年単位では、納税も資金繰りを見るうえで重要です。納税額によっては、中間納付（→ P.179）も考慮しなければいけません。

　こうした情報は、会社の数字が集まる経理だからこそ管理できます。経理が率先し、資金がショートしないように常に目を光らせておくのです。企業によっては財務部などを設け、経理部とは別に資金繰りの管理を担わせている場合もありますが、いずれにしても資金繰りに経理の基礎知識が欠かせません。

お金の出入金の管理を行う一覧表「資金繰り表」を活用する

資金繰り表でお金の出入りを管理

- ●現金・預金が手元にいくらあるか
- ●売掛金の回収のための請求書を発行したか
- ●売掛金はいつ、いくら入金されるか
- ●売掛金は正しく入金されたか
- ●買掛金はいつ、いくら支払うか
- ●買掛金の支払いのための振り込み
- ●給料と社会保険料の振り込み
- ●納税額はいくらか、いつ納付か　　　など

これらの「お金の流れ」を管理して、手元の現金・預金がショートしないようにする！

❶日繰り表……1 日ごとにつける。
❷月繰り表……月ごとにつける。

月単位などの一覧表にまとめておくと管理しやすいです

情報管理も重要な仕事

経理には、会社のさまざまな取引情報が集まります。そのため、経理にはシビアな情報管理の姿勢が求められます。

🏢 重要な情報を扱っている自覚をもつ

経理部には、数字の情報が多く集まります。**売上や仕入など会社経営に直結する数字だけでなく、重要な個人情報もとり扱っています。**たとえば、給料の振込データからは、各従業員の手取り額がわかります。「営業部の○○さんは手取りで○○円もらっていたよ」などということを、同じ営業部の人に話すと、その部署の士気にかかわりかねません。

たとえ社内であっても、しかるべき人から正当な理由でリクエストされるケースを除いて、仕事上知り得た情報は絶対に漏らさないようにしましょう。

仕事で知り得た情報は口外しない

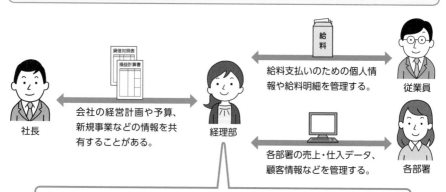

会社の経営計画や予算、新規事業などの情報を共有することがある。

給料支払いのための個人情報や給料明細を管理する。

各部署の売上・仕入データ、顧客情報などを管理する。

自社や取引先などの情報が経理に集まってくるので、経理内部では情報を共有しても、外部には決して漏らさない！

🏢 データの扱いにも十分気をつける

現在では、メールの添付ファイルで情報を送信することがあたり前になりました。ときには、SNSなどでファイルをやりとりする機会もあるでしょう。郵便を利用するときも同じですが、さまざまなツールで情報のやりとりをすることになったからこそ、データのとり扱いには細心の注意を払わなければいけません。

もし請求書をメールで送る場合、誤って別の取引先に送ってしまったらどうでしょうか。そもそも重要書類の誤送信というだけで信用にかかわりますし、本来の送信相手と間違えた送信相手とで、商品単価などの取引条件を変えている案件だったら、もっと大変なことになります。

データを送る際には、送信前にもう一度、添付ファイルを開けてチェックする習慣をつけましょう。郵送であれば、宛先と中身が合っているか、誰かにチェックしてもらいましょう。会社の信用にかかわることなので、どれだけ注意してもしすぎることはありません。

送信するデータに気を配って間違いのないようにする！

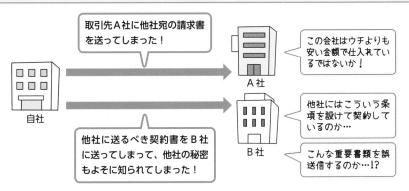

取引先A社に他社宛の請求書を送ってしまった！

この会社はウチよりも安い金額で仕入れているではないか！

A社

他社に送るべき契約書をB社に送ってしまって、他社の秘密もよそに知られてしまった！

他社にはこういう条項を設けて契約しているのか…

こんな重要書類を誤送信するのか…!?

B社

自社

信用がなくなり、経営存続の危機にも…！

現在はメールなどで手軽にやりとりできるようになったので、誤送信には細心の注意を！

経理の仕事は過去から未来まで

日々の正確な仕訳はもちろんのこと、会社の経営の方向性を判断するための情報を経営者に提供することも、重要な経理の仕事です。

経営企画など未来を創る仕事にもつながる

これまでは、主に経理の基本である日々の記帳から決算書の作成までを説明してきました。こうした業務は経理の仕事の根幹をなすものであり、業績の把握から納税までを行うための重要な業務です。「会社の過去の状況を数字で表すこと」ともいえます。また、経理にはほかにも経費精算書のチェックや振り込み業務といった、記帳以外の「現在行うべき仕事」もあります。

さらに経理の業務をより横展開していけば、経営計画の策定など、経営企画の分野に入っていきます。これは経理の業務のうち、「未来を創る業務」といえます。

経理の業務を深掘りして、経理や財務のプロフェッショナルとなるか、経理の数字を見るスキルを武器に経営の分野に活躍の場を広げるか、いずれにしても経理の仕事は将来性のある仕事です。

経理の役割

帳簿

日々の作業
- 取引の仕訳
- 各帳簿に転記
- 毎月末に締め切り、試算表を作成
- 決算業務
- 資金繰りの把握・管理

→ **過去のデータ**
➡会社の状況を把握

→ **未来への導き**
➡経営企画の策定など

140

経理は数字を入力した先を見る！

売掛金の回収が滞っているところがあれば、営業担当に伝えるなどして、できるかぎり早くお金が会社に入るように働きかけることも、経理の仕事の1つです。**経理はただ数字を入力するだけでなく、総勘定元帳などをうまく活用して、試算表の変動を見つけるなど、数字の面から会社を助けることができるのです。**

これは、常に会社の数字に触れている経理だからこそできる仕事です。とくに中小企業のように、一人ひとりの業務範囲が広い会社ほど、経理も主体的に動くことが大切です。

帳簿を読み解いて管理する

営業担当へ
A社から、売掛金を回収してきてください

B商事に買掛金を支払う準備をしなければ

守備範囲を広くして
問題が起こる前に解決！

＋1 経理の達人になるとできること！

　自社の帳簿を読み解けるということは、どの会社の帳簿や決算書を見ても、同じように読み解けるということです。既存の取引先や新規に取引を開始しようとしている会社の経営状態をチェックしたり、あるいは自身の転職先候補の会社の現状や将来性などもわかるようになります。

経理の仕事の1年の流れ

記帳や決算といった、経理の基本的な業務には流れがあります。1年単位の会計期間に合わせて、経理の仕事の流れも決まります。

経理の仕事は日、月、年ごとの流れがある

経理の仕事を「時間」で考えた場合、日、月、年の単位に分けることができます。まず、日単位では、取引の仕訳や経費の精算、振り込み業務や社内外からの問い合わせ対応などがあります。

月単位では、月次決算があります。第2章で説明したように各帳簿を締め切り、試算表の作成（→ P.38）が当てはまります。年単位では、決算書の作成がメインイベントです。**日々の仕事を着実にこなしていけば、月次決算、ひいては年次決算のときの確認事項を減らすことができます。**

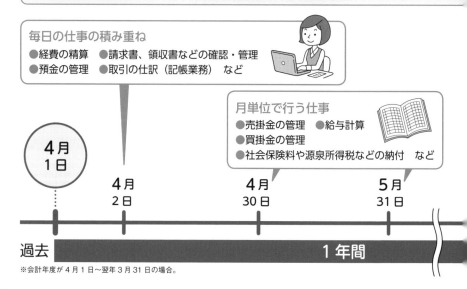

1日単位の仕事から、月、年とそれぞれの流れが決まっている

毎日の仕事の積み重ね
- 経費の精算
- 請求書、領収書などの確認・管理
- 預金の管理
- 取引の仕訳（記帳業務） など

月単位で行う仕事
- 売掛金の管理
- 給与計算
- 買掛金の管理
- 社会保険料や源泉所得税などの納付 など

4月1日

4月2日

4月30日

5月31日

過去

1年間

※会計年度が4月1日～翌年3月31日の場合。

「決算期はいそがしい」というのが、経理の世界の常識です。しかし、それでも日々の仕事をこなして、不明点をそのつど解消していけば、決算期に慌てることは少なくなります。

🏢 各部門との連携も重要！

各部門からの数字を効率的に取得することも、経理の重要な仕事の1つです。たとえば、経費精算もしっかりと締め日を決めて、先延ばしにしないことが大事です。他部署からデータをもらう必要があれば、期日を決めて必ずその日までにもらうようにしましょう。

ほかの部署と情報の連携を密にすることは、経理業務の効率を高める意味で重要なスキルといえます。

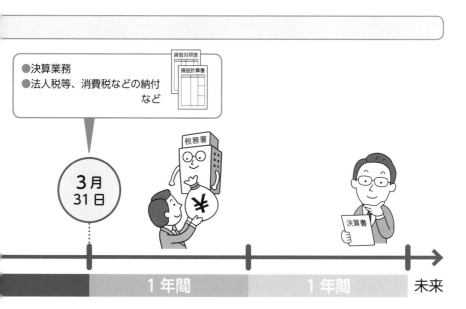

●決算業務
●法人税等、消費税などの納付
　　　　　　　　　　　　　　など

貸借対照表
損益計算書

税務署
¥

3月
31日

決算書

1年間　　　　　　1年間　　　　　未来

毎日行う仕事❶
経費の精算

経費の精算は経費の金額や内容のチェックを通し、現実のお金の流れからどのように仕訳を起こすのかを理解するうえで重要な業務です。

経費の精算は経理業務の基本

　会社を経営していれば、日々経費が発生します。足りない備品の購入、取引先へ行くための交通費、会議のときの飲食代など。経費精算の業務とは、このような日々の経費を集計して、従業員が立て替えていた経費を支払う業務です。

　経費精算の業務は、以下のポイントがあります。

・使ったお金と経費精算書の金額が合致しているか

・それぞれの経費をどの勘定科目で処理するか

・どの従業員が立て替えたものなのか

　このように経費の精算は、金額のチェックや勘定科目の判断、書類の整理といった経理業務の基本が詰まっています。そのため、経理の仕事で最初にやることが多いのも、この経費精算です。

経費として正しいかをチェックすることも大切！

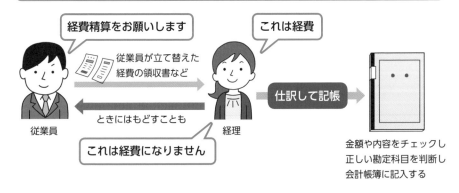

経費精算をお願いします　これは経費
従業員が立て替えた経費の領収書など
ときにはもどすことも
これは経費になりません
従業員　経理
仕訳して記帳
金額や内容をチェックし正しい勘定科目を判断し会計帳簿に記入する

144

🏢 小口現金を使っている場合は出納帳をつくる

　小口現金とは、一定の金額をあらかじめ事務所の金庫などに保管しておいて、経費を都度精算するためのお金です（→ P.47）。**小口現金を使う場合には、小口現金出納帳といって、小口現金の出し入れがわかる帳簿を作成しておき、毎月1回、実際の小口現金の残高と出納帳の残高を合わせるようにしましょう。**

　小口現金の管理は都度精算したり、残高が合わなかったときに原因を確認したりと、**処理に手間がかかります。**振り込みで経費を精算したり、クレジットカードなどのキャッシュレス決済をしたりすることも多くなってきましたので、小口現金の方式を使っている会社は減ってきているのが実情です。

小口現金出納帳の見方

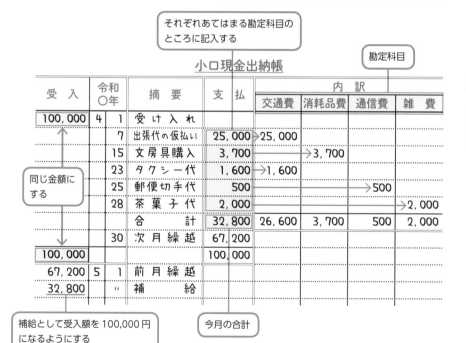

それぞれあてはまる勘定科目のところに記入する

勘定科目

小口現金出納帳

受　入	令和〇年		摘　要	支　払	内　訳			
					交通費	消耗品費	通信費	雑　費
100,000	4	1	受　け　入　れ					
		7	出張代の仮払い	25,000	25,000			
		15	文 房 具 購 入	3,700		3,700		
		23	タ ク シ ー 代	1,600	1,600			
		25	郵 便 切 手 代	500			500	
		28	茶 菓 子 代	2,000				2,000
			合　　　　　計	32,800	26,600	3,700	500	2,000
		30	次 月 繰 越	67,200				
100,000				100,000				
67,200	5	1	前 月 繰 越					
32,800		〃	補　　　給					

同じ金額にする

補給として受入額を100,000円になるようにする

今月の合計

預金の管理

現金以上に、預金の残高は大きく動きます。そうした預金残高の管理は、経理だからこそ行える仕事です。

帳簿と実際の残高を合わせる

現金取引が主流だった飲食店などでも、最近では振り込み払いやキャッシュレス決済など、口座を介して動くお金のほうが現金よりも多くなってきています。その分、預金の管理がより重要になっています。

預金管理のポイントは大きく分けて、

・試算表上の預金残高と実際の預金残高が合致しているか

・預金の残高は資金繰り上、問題ないか

という2点です。

実際の通帳などの動きに合わせて仕訳していけば、おのずと残高は合ってくるはずです。**相手の勘定科目に迷うことがあっても、預金が動いている事実は変わらないので、入力さえ正確に行えば、それほど難しいことではないでしょう。**

いまでは、銀行との取引履歴を読み込んで、自動的に口座の情報をとり込む機能をもった会計ソフトもあります。こうした機能を使えば、「会計ソフトと口座で残高が10円ずれている。どこで入力を間違えたのだろう？」といったことに悩むことはなくなります。

資金繰りのために管理する

預金の管理においてより重要なのは、資金繰りです。何月何日にどんな入金があって、何月何日にどんな支払いがあるのかといったことを予測して、

現在の預金残高で十分足りるのかまで把握しておかなければなりません。

　請求された金額を振り込む作業や、預金に関する仕訳を行うタイミングなどから、現在の預金の残高が将来の支払いのために十分なのかを管理します。**もし将来の支払いに対し、預金の残高が足りない場合には、銀行からの借り入れも必要になるかもしれません。**そのようなときには直接、銀行の担当者とやりとりをする場面も出てくるでしょう。

　会社は手元のお金がなくなれば、経営が成り立たなくなります。過去の預金の動きを仕訳するだけではなく、**将来の預金の動きを予測して、十分な預金があるのかを管理すること**は、会社を存続させていくうえで**重要な経理の任務なのです。**

預金口座のメリットと注意点

✦ メリット
● 通帳に記帳すれば、入金や支払いの取引がわかる。
● 預金残高がすぐにわかる。
● 銀行に出向かなくても、インターネットで残高を確認することができる。

❗ 注意点！
● 当座預金の残高の管理を怠ると、手形や小切手の引き落としの期日が到来しても、引き落とせないことがある（不渡り）。不渡りが半年に2回あると、銀行取引停止になってしまう。
● フィッシングサイトへの注意やIDなどの管理は厳重に。

入金があったら、どこから振り込まれたのか、どの商品に対しての金額かなどを確認する

その他補助簿の記入も漏れなく行い、支払いや受けとりのスケジュールを立てる

毎日行う仕事❸
請求書、領収書の確認と管理1

経理の現場では、請求書・領収書・納品書などさまざまな書類が飛び交います。各書類の役割を把握しておきましょう。

🏢 請求書と領収書の役割を知る

　請求書とは、納めた商品やサービスの内容や金額などが記載された書類です。 この書類をもとに、振り込みなどの方法で代金が支払われます。また、自社が商品やサービスを納めた場合には、自社で請求書を発行し、取引先へ送付します。

　請求書とは別に、**納品書**という書類を受けとることもあります。納品書は、商品やサービスの納品が完了したことを証明する書類です。

　領収書は代金を受領したことを証明するものとして、取引先に交付する書類です。 現金で経費精算をするときには、経費を使用した従業員から領収書が経理に回ってきますので、目にすることも多いでしょう。振り込みなど口座に履歴が残る取引であれば、相手からのリクエストがあるなどの事情がないかぎり、そのつど領収書を発行することはなくなりました。

　いずれも売上や仕入、経費などの計上に使用する書類です。支払ったり、精算したりすれば終わりというわけではなく、ファイリングするなど整理して保管しておきましょう。

　ちなみに、法人税の決まりでは、**領収書や請求書、契約書などの書類は原則として7年間の保存が義務づけられています。**

🏢 発行する際のポイントと注意点

　自社で請求書を発行する場合には、速やかに発行するようにしましょう。

取引先でも、経費に計上するなどで使用されます。請求書の発行が遅いと、**取引先の試算表の作成や振り込み業務に支障をきたすことがありますし、自社への入金が遅れれば、資金繰りに影響を及ぼすこともあります。**

　領収書については、**印紙**にも注意しましょう。**金額が5万円以上の領収書には印紙の貼りつけが必要です。**ちなみに、請求書や領収書はメールなどを用いて、データで送ることも多くなりました。データで領収書を渡す場合には、印紙は不要です。

請求書と領収書の記入例

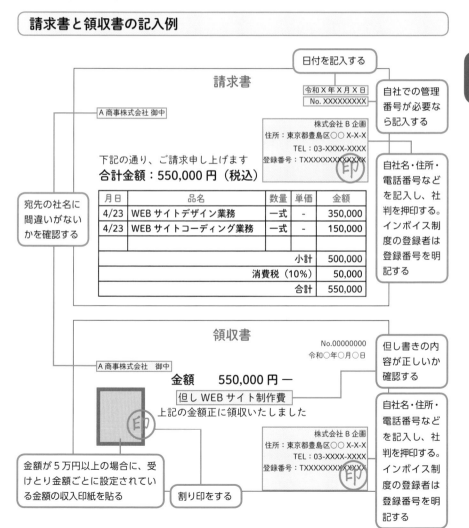

日付を記入する

請求書

令和X年X月X日
No. XXXXXXXX

自社での管理番号が必要なら記入する

A商事株式会社 御中

株式会社B企画
住所：東京都豊島区○○ X-X-X
TEL：03-XXXX-XXXX
登録番号：TXXXXXXXXXXXXX
印

下記の通り、ご請求申し上げます
合計金額：550,000円（税込）

宛先の社名に間違いがないかを確認する

月日	品名	数量	単価	金額
4/23	WEBサイトデザイン業務	一式	-	350,000
4/23	WEBサイトコーディング業務	一式	-	150,000
			小計	500,000
			消費税（10%）	50,000
			合計	550,000

自社名・住所・電話番号などを記入し、社判を押印する。インボイス制度の登録者は登録番号を明記する

領収書

No.00000000
令和○年○月○日

A商事株式会社　御中

金額　　550,000円 ―

但し WEBサイト制作費

上記の金額正に領収いたしました

但し書きの内容が正しいか確認する

印

株式会社B企画
住所：東京都豊島区○○ X-X-X
TEL：03-XXXX-XXXX
登録番号：TXXXXXXXXXXXXX
印

金額が5万円以上の場合に、受けとり金額ごとに設定されている金額の収入印紙を貼る

割り印をする

自社名・住所・電話番号などを記入し、社判を押印する。インボイス制度の登録者は登録番号を明記する

請求書、領収書の確認と管理2

請求書や領収書を受けとったときは、すぐに内容を確認し、仕訳やファイリングなどの処理を行うことが大切です。

請求書を受けとったら内容をよく確認する

　経理の仕事をしていると、振り込みが必要な請求書が日々送られてきます。請求書が届いたら、まずは内容をチェックしましょう。

●**内容がしっかりと記載されているか。**

●**日付や金額の計算に間違いがないか。**

●**振込先や振込期日が記載されているか。**

●**取引先の名称や住所が明記されているか。**

　いずれも振り込みをするときの重要な情報です。内容をチェックして、問題がないことを確認してから振り込むようにしましょう。

　とくに内容については、仕訳のために、いつ納品を受けたものなのかといった情報も必要になってきます。たとえば、単に「業務委託費として」と書いてあるだけでは、何月何日の取引として計上すればよいのかが判断できません。その請求書をもとに仕訳を作成する場合に必要な情報ですので、**振り込むタイミングで、社内の担当者に確認をとるなどして対応するとよいでしょう。**

　また、振り込み業務で注意しなければならないのが、振り込み漏れです。取引先や支払期日をリスト化するなどの工夫をして、振り込みに漏れがないように注意しましょう。取引先から請求書が届いていない場合は、買掛金元帳（仕入先元帳、→ P.59）を活用して確認します。取引先ごとに記入している帳簿なので、確認ツールとして活用してください。約束の支払期日が来ても請求書が送られてこなかったら、取引先へ催促をして支払いましょう。

電子データで受領したものは電子データで保存

2022年1月1日から**電子帳簿保存法**が改正され、電子データで受けとった請求書や領収書などについては、**電子データでの保存が義務づけられました。**電子データで受領した書類については、印刷しての保存は認められなくなります。ほかにも細かいルールがありますが、基本として電子データで受領した情報はデータで保存することを認識しておきましょう。

書類の電子データによる保存は、業務効率化という面もあります。業務のDX化のきっかけの1つとして電子帳簿保存に取り組むのもよいでしょう。

改正された電子帳簿保存法をチェック！

改正ポイント1 　電子保存に関する要件が大幅緩和！

❶税務署長による
事前承認制度の廃止
　対象 電子帳簿等保存、スキャナ保存

❷適正事務処理要件の廃止
　対象 スキャナ保存

❸タイムスタンプ要件の緩和
　対象 スキャナ保存、電子取引

❹検索要件の緩和
　対象 スキャナ保存、電子取引

電子帳簿等保存
会計帳簿や自社発行の請求書・領収書などを会計ソフトなどで作成し、電子データのまま保存する。

スキャナ保存
紙で発行・受領した請求書や領収書などをスキャナで読みとり、画像データとして保存する。

電子取引
Eメールやクラウドサービスなどで授受した請求書や領収書などを電子データのまま保存する。

改正ポイント2 　電子取引の紙出力保存の禁止！

2022年1月1日以降に電子取引でやりとりが行われるデータについては、書面を出力しての保存が認められず、電子データでの保存が義務づけられた。

くわしいルールについては国税庁発行のパンフレットなどを参照してください

記帳業務

記帳業務とは、日々発生する取引を帳簿に記入すること。大切なのは、正確性です。記入漏れや記入ミスを防ぐ工夫をしましょう。

仕訳の作成は毎日の経理の最終段階

経費の精算や請求書の発行、振り込みなど、あらゆるお金の動きは最終的に仕訳を通して試算表や決算書に反映されます。経理といえば、取引を仕訳したり、月次試算表を作成したりといった業務をイメージする人も多いかもしれません。

ただし、仕訳はあくまで起こった取引を事後的に記録するためのものです。仕訳の段階に至るまでに、経理がこなすべき業務は多岐にわたります。仕訳の作成は、経理の毎日の仕事の中では、最終段階で行われるものなのです。

便利な機能を活用し、正確な記帳を行う

記帳業務において重要なのは、正確性です。たとえば、売上を1ケタ間違えて入力してしまった場合、試算表の数字も間違ったものになります。入力した売掛金（うりかけきん）の金額と、実際の入金額が違えば、入力の間違いに気づくことはできるかもしれません。しかし、毎月の試算表をさかのぼって修正すると、毎月の試算表の信ぴょう性そのものが薄れてしまいます。**記帳を行う際には、勘定科目も含めて正確に入力できているか、ダブルチェックをするなどの工夫が必要です。**

また、いまでは会計ソフトも銀行口座の自動とり込み機能や、レシート類をスキャンして仕訳を作成する機能など、入力をサポートする機能が備わっているものがあります。**このような便利な機能も積極的に活用していくこと**

で、業務の効率化や入力の間違いを防ぐのも、これからの経理には必要になっ
てくるスキルの1つです。

記帳する帳簿類

会社によっては、日々の仕訳を日付順に記入する仕訳帳をつくっている。また、詳し
い取引内容をすぐに確認できるように、下記の補助簿をつくることもある。

主要簿 ── 仕訳帳…日々の取引を仕訳する。

↓

総勘定元帳…仕訳帳から転記する。

 補助簿

> 主要簿だけだと、「どこに」「いつ」など詳しい取引
> 内容を確認するのに手間がかかる。分野ごとに詳細
> な帳簿をつくっておくと、管理しやすくなる

現金出納帳	現金の出し入れを日々、詳細に記入していく帳簿。
預金出納帳	銀行・口座別に収支を記入していく帳簿。
商品有高帳	商品別に仕入、出荷、残高を記入していく帳簿。
買掛金元帳 (仕入先元帳)	仕入先ごとに、買掛金の残高を記入していく帳簿。
売掛金元帳 (得意先元帳)	得意先ごとに、売掛金の残高を記入していく帳簿。
仕入帳	仕入や返品、割引などを記入していく帳簿。
売上帳	売上や返品、割引などを記入していく帳簿。
受取手形記入帳	手形の金額や支払期日、種類、番号、支払人などを記入し ていく帳簿。
支払手形記入帳	手形の金額や支払期日、種類、番号、受取人などを記入し ていく帳簿。

売上の計上と売掛金の管理

月ごとに行う経理の仕事に、売掛金の管理があります。回収期限が到来している売掛金がないかをしっかりとチェックしましょう。

売上の計上基準は厳密に決められている

　売掛金の管理において重要なポイントは、**いつ売上に計上するか**です。いつでも自由なタイミングで売上を計上できてしまうと、簡単に利益操作ができてしまいますし、会社間での決算書の比較もできなくなってしまいます。そこで、売上の計上タイミングは厳密に決められています。

モノの納品 →	**引渡基準** モノを引き渡したときをもって、売上に計上する。	
サービスの 提供 →	**役務提供基準** サービスの完了をもって、売上に計上する。	

　売上を計上するのは契約をしたときでも、代金を受けとったときでもなく、**お金をもらうための仕事を完了したとき**です。

　小売業などの現金商売のように、その場で商品と代金を引き換えるのであれば話は単純ですが、仕事が完了したタイミングの判断が難しいこともあります。たとえば、全10回の研修サービスを提供する際、料金をすべて一括で前受金として受けとった場合、受けとったタイミングで全額売上になるわけではありません。**研修サービスを1回提供するごとに、1回分の料金を売上に計上していくのです。**

売掛金は経理が積極的に管理する

売掛金の管理について、**通常の流れでは、自社が請求書を発行・送付後、取引先が振り込みを完了させます。経理は振り込みがあったことを確認したら、仕訳帳や売掛金元帳などに記入して管理していきます。**

まれに請求書を出していても振り込んでこない取引先があるかもしれません。そのため、補助簿である売上帳や売掛金元帳を活用して、売掛金の振り込みをチェックし、未入金のものがあれば、取引先に伝えて振り込んでもらうように依頼します。**振り込みの期日が来たのに残っている売掛金があれば、経理が積極的に回収できるように動きましょう。**

売上帳と売掛金元帳の記入例

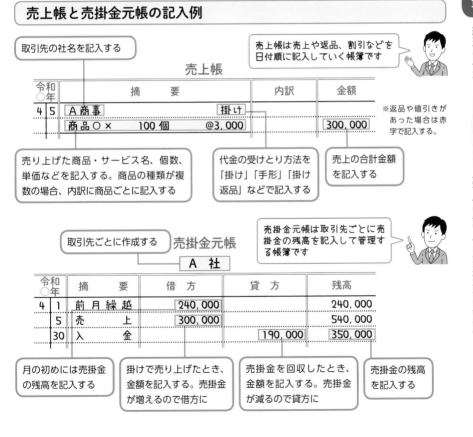

取引先の社名を記入する

売上帳は売上や返品、割引などを日付順に記入していく帳簿です

売上帳

令和○年		摘　　要		内訳	金額
4	5	A商事	掛け		
		商品○×	100個 @3,000		300,000

※返品や値引きがあった場合は赤字で記入する。

売り上げた商品・サービス名、個数、単価などを記入する。商品の種類が複数の場合、内訳に商品ごとに記入する

代金の受けとり方法を「掛け」「手形」「掛け返品」などで記入する

売上の合計金額を記入する

取引先ごとに作成する

売掛金元帳

A 社

売掛金元帳は取引先ごとに売掛金の残高を記入して管理する帳簿です

令和○年		摘　要	借　方	貸　方	残高
4	1	前月繰越	240,000		240,000
	5	売　　上	300,000		540,000
	30	入　　金		190,000	350,000

月の初めには売掛金の残高を記入する

掛けで売り上げたとき、金額を記入する。売掛金が増えるので借方に

売掛金を回収したとき、金額を記入する。売掛金が減るので貸方に

売掛金の残高を記入する

155

仕入の計上と買掛金の管理

買掛金の支払いに漏れがあれば、会社の信用にかかわります。毎月、どの取引先にいくら支払うかを把握しておくことが大切です。

仕入の計上基準は主に3つある

仕入の計上のタイミングも、売上と同じように基準が厳密に決められています。いずれかの方法を選択し、統一して計上していくことになります。

出荷基準 ➡	仕入先が商品を発送したタイミングで仕入を計上する。

受取基準 ➡	自社が商品を受けとったタイミングで仕入を計上する。

検収基準 ➡	自社が商品を受領したあとに、内容を確認して問題がないことを確認したタイミングで計上する。

仕入の計上基準の考え方

注文から支払いまでの流れで、3つの計上基準を見ると次の通りになる。

商品を注文 ➡ 出荷基準〔商品を出荷〕➡ 受取基準〔商品を受けとる〕➡ 検収基準〔検収〕➡ 代金を支払う

3つのうちいずれかを選択し、継続して計上します

請求書の未到着も含めて買掛金を管理する

　買掛金の管理は、自社内で完結します。大切なのは、支払い漏れをなくすことです。そのために仕入帳や買掛金元帳を活用しますが、買掛金の支払漏れは買掛金元帳を見るだけではわかりません。そもそも取引先からの請求書が経理に来ていなければ、買掛金がずっと残ってしまいます。

　最低限、毎月来ている請求書をリストアップして、もし受領していない請求書があれば仕入先や自社の担当者に確認をとるようにしましょう。

　買掛金以外に、未払金として処理している分についても同じです。未払金にずっと残っている残高がないか、定期的にチェックするようにしましょう。

仕入帳と買掛金元帳の記入例

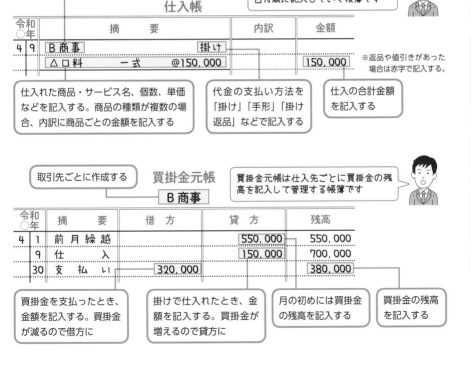

取引先の社名を記入する

仕入帳は仕入や返品、割引などを日付順に記入していく帳簿です

仕入帳

令和○年		摘　要		内訳	金額
4	9	B商事	掛け		
		△□料	一式　@150,000		150,000

※返品や値引きがあった場合は赤字で記入する。

仕入れた商品・サービス名、個数、単価などを記入する。商品の種類が複数の場合、内訳に商品ごとの金額を記入する

代金の支払い方法を「掛け」「手形」「掛け返品」などで記入する

仕入の合計金額を記入する

取引先ごとに作成する

買掛金元帳
B商事

買掛金元帳は仕入先ごとに買掛金の残高を記入して管理する帳簿です

令和○年		摘　要	借　方	貸　方	残高
4	1	前月繰越		550,000	550,000
	9	仕　入		150,000	700,000
	30	支　払　い	320,000		380,000

買掛金を支払ったとき、金額を記入する。買掛金が減るので借方に

掛けで仕入れたとき、金額を記入する。買掛金が増えるので貸方に

月の初めには買掛金の残高を記入する

買掛金の残高を記入する

給与計算

従業員の給与計算は人事部が行う会社もありますが、給料支払いに関する仕訳は経理の仕事です。

経理は正しい給料支払いの最後の砦

給与計算は、従業員の給料の額面や社会保険料、所得税などの控除額を計算して、手取り額を確定する手続きです。給与計算ソフトを使用することも一般的になりましたので、**社会保険料の金額が合っているか、所得税の金額は合っているかといった控除額の検算が、給与計算の仕事の重要部分となります。**

従業員も自身の額面や手取りの給料は把握していても、天引き（控除）される所得税などの計算はわからないことがほとんどでしょう。**税金や保険料など、控除された金額が正確かどうかをチェックできるのは、給与計算の担当者だけです。**給与計算の担当者は、正しい給料支払いの最後の砦といえます。

賃金台帳を作成し、管理する

給与計算は、扶養家族などの個人情報もとり扱うので、人事部で計算することもありますが、中小企業では経理が行うこともあります。いずれにしても、給料を支払えば仕訳が必要です。**給料は額面で「給料」という勘定科目として費用計上し、天引きした金額は従業員の代わりに国などに納付するので「預り金」で計上する、**といった給料特有の仕訳を理解しておきましょう。

また、給料を支払ったら、その内容を**賃金台帳**に記入します。賃金台帳とは、**従業員ごとに、額面や控除の額などを一覧にした表で、労働基準法で作成が義務づけられています。**

賃金台帳を作成する

例 賃金台帳

202X 年 1 月〜 202X 年 12 月

			1 月	2 月		12 月	給与合計
		（支払日）	(01/25)	(02/25)		(12/25)	
給与	支給	基本給	450,000	450,000		450,000	5,400,000
		（課税支給計）	450,000	450,000		450,000	5,400,000
		（社保対象計）	450,000	450,000		450,000	5,400,000
		実総支給額	450,000	450,000		450,000	5,400,000
		総支給額	450,000	450,000		450,000	5,400,000
	控除	健康保険	21,714	21,714		25,652	296,010
		厚生年金保険	40,260	40,260		40,260	483,120
		雇用保険	1,350	1,350		1,350	16,200
		社会保険合計	63,324	63,324		67,262	795,330
		課税対象額	386,676	386,676		382,738	4,604,670
		所得税	12,230	12,230		11,910	143,880
		総控除額	75,554	75,554		79,172	939,210
		（内）基本保険	14,168	14,168		14,168	170,016
		（内）特定保険	7,546	7,546		7,546	90,552
		（内）介護保険	0	0		3,938	35,442
	集計	年末調整	0	0		39,400	39,400
		現金支給額	374,446	374,446		410,228	4,500,190
		差引支給額	374,446	374,446		410,228	4,500,190
		扶養親族（人）	1	1		1	

給与計算ソフトを使っていれば、標準的な機能として搭載されている。
給与計算ソフトがなければ、表計算ソフトなどで賃金台帳を管理しよう。

第5章 経理の仕事 毎月行う仕事❸ 給与計算

159

健康保険、厚生年金保険、介護保険

健康保険と厚生年金保険、介護保険を合わせて、社会保険といいます。社会保険の天引き（控除）と納付は会社の仕事です。

会社と従業員が半分ずつ負担する

　社会保険（健康保険・厚生年金保険・介護保険）の保険料は、会社と従業員が折半し、会社がまとめて納めるものです。社会保険料は、給料から天引き（控除）する金額の大半を占め、従業員の手取り金額に大きく影響します。

　会社は従業員が入社するたびに、給料の金額を年金事務所や健康保険組合に届け出る必要があります。そして、その給料の金額（報酬月額）ごとに、社会保険料として天引きされる金額が決められます。給与計算の際には、この決められた金額をそのまま給料から天引きすることになります。

　社会保険料は会社と従業員が折半しますので、給料から天引きした金額とほぼ同額※が会社負担分となります。納付額はあらかじめ届け出た報酬月額をもとに、日本年金機構や健康保険組合が計算して、毎月その額を引き落とし、または納付書によって納付することになります。

健康保険、厚生年金保険の考え方

　標準報酬月額を算出し、「健康保険・厚生年金保険の料額表」（協会けんぽの場合）で調べて当てはめる。

入社時の給料額、または4〜6月の3ヵ月の間に支払った給料を足して3で割った金額	→	標準報酬月額を算出	→	社会保険料　従業員負担分　会社負担分　ほぼ半額ずつ負担

つまり天引きした金額の約2倍を納付！ → 会社がまとめて納付する

※実際には、会社のみが負担する「子ども・子育て拠出金」が上乗せされるので、給料から天引きした社会保険料の2倍より、納付額はやや多くなる。

健康保険・厚生年金保険・介護保険の保険料の計算方法

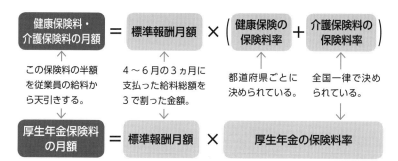

| 健康保険料・介護保険料の月額 | = | 標準報酬月額 | × | (健康保険の保険料率 | + | 介護保険の保険料率) |

この保険料の半額を従業員の給料から天引きする。

4〜6月の3ヵ月に支払った給料総額を3で割った金額。

都道府県ごとに決められている。

全国一律で決められている。

| 厚生年金保険料の月額 | = | 標準報酬月額 | × | 厚生年金の保険料率 |

仕訳例

🖥 4月20日締め（4月25日払い）で、給料30万円を保険料や税金を控除したうえで支払う計算をした。

	借 方		貸 方	
4/20	給　　　　　与　300,000		未　払　金	241,000
			預り金（健康保険料）	14,000
			預り金（厚生年金保険料）	27,000
			預り金（雇用保険料）	1,000
			預り金（所得税）	7,000
			預り金（住民税）	10,000

預り金
➕増 ➡右

支払う手続きをしただけの給料は「未払金」で、社会保険料は「預り金」で仕訳する。いずれも負債グループなので、増えた場合は貸方(右)に記入。

仕訳例

🖥 5月10日に4月分の社会保険料の納付をした。
※「子ども・子育て拠出金」はないものとする。

	借 方		貸 方	
5/10	預　り　金　41,000		普通預金	82,000
	法定福利費　41,000			

預り金
➖減 ⬅左

会社が負担する社会保険料は「法定福利費」という勘定科目で処理する。

👉**実務の ツボ**

天引きする社会保険料は毎月変動するわけではない

　健康保険や厚生年金保険の社会保険料は、届け出た報酬月額をもとに計算するので、残業代などで額面が変動したとしても、天引きする金額に変わりはありません。そして、毎年4月から6月に支払った給料の金額を平均して、毎年9月から控除額が改定されることになります。

雇用保険、労災保険

雇用保険料は会社と従業員で負担しますが、労災保険料は会社が全額負担します。

雇用保険料は一定の割合で分担する

雇用保険と労災保険を合わせて、労働保険といいます。

雇用保険料は会社と従業員とで負担し、会社がまとめて納付します。 給料から天引き（控除）する雇用保険料は、毎月の額面に連動しています。とはいえ、保険料率は一定なので、計算はシンプルです。

労働保険料は、毎年度4月から3月に発生した給料や賞与の合計額をもとに計算して、毎年7月10日までに1年分をまとめて納付します。**雇用保険の場合、保険料は毎月の給料から天引きしますが、納付は基本的に年1回だけ行います。** このとき、労災保険料も合わせて納付します。

労災保険料は、会社が全額負担することになりますので、給与計算には関係してきません。社会保険料は毎月1回、日本年金機構や健康保険組合が計算した金額を納付するのに対して、労働保険料は会社が1年間の人件費を集計して計算する必要があります。

どの従業員が加入しているかを確認する

給与計算において重要なのは、誰が雇用保険に加入しているかです。**社会保険もそうですが、すべての従業員が加入するわけではありません。**

雇用保険については、パートタイマーであれば週の労働時間が20時間未満であれば加入できませんし、学生も加入できません。間違って、非加入者の給料から天引きしてしまわないように注意しましょう。

労働保険料の計算と納付の仕方

労働保険は、雇用保険と労災保険からなる。雇用保険は、従業員負担分の保険料の天引きが必要になる。

 雇用保険料

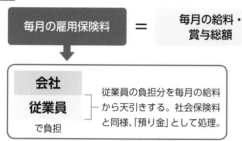

会社と従業員の負担割合は、事業の種類によって決められている（厚生労働省発行の雇用保険料率表を参照。→ P.165）。

労災保険料

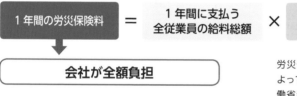

労災保険率は、事業の種類によって決められている（厚生労働省発行の労災保険率表を参照。→ P.164）。

給料や賞与の総額を概算で計算し、1年分を先に納付する。翌年度に確定した金額で精算する。

雇用保険は従業員ごとに加入しますが、労災保険は事業所単位で加入します。正社員やパート、アルバイトなど1人でも従業員を雇用する会社は、労働者災害補償保険法が適用されるため、必ず納付します

労災保険率表（令和 6 年 4 月 1 日施行）の見方

(単位：1/1,000)

事業の種類の分類	業種番号	事業の種類	労災保険率
林業	02 又は 03	林業	52
漁業	11	海面漁業（定置網漁業又は海面魚類養殖業を除く。）	18
	12	定置網漁業又は海面魚類養殖業	37
鉱業	21	金属鉱業、非金属鉱業（石灰石鉱業又はドロマイト鉱業を除く。）又は石炭鉱業	88
	23	石灰石鉱業又はドロマイト鉱業	13
	24	原油又は天然ガス鉱業	2.5
	25	採石業	37
	26	その他の鉱業	26
建設事業	31	水力発電施設、ずい道等新設事業	34
	32	道路新設事業	11
	33	舗装工事業	9
	34	鉄道又は軌道新設事業	9
	35	建築事業（既設建築物設備工事業を除く。）	9.5
	38	既設建築物設備工事業	12
	36	機械装置の組立て又は据付けの事業	6.5
	37	その他の建設事業	15
製造業	41	食料品製造業	5.5
	42	繊維工業又は繊維製品製造業	4
	44	木材又は木製品製造業	13
	45	パルプ又は紙製造業	7
	46	印刷又は製本業	3.5
	47	化学工業	4.5
	48	ガラス又はセメント製造業	6
	66	コンクリート製造業	13
	62	陶磁器製品製造業	17
	49	その他の窯業又は土石製品製造業	23
	50	金属精錬業（非鉄金属精錬業を除く。）	6.5
	51	非鉄金属精錬業	7
	52	金属材料品製造業（鋳物業を除く。）	5
	53	鋳物業	16
	54	金属製品製造業又は金属加工業（洋食器、刃物、手工具又は一般金物製造業及びめつき業を除く。）	9
	63	洋食器、刃物、手工具又は一般金物製造業（めつき業を除く。）	6.5
	55	めつき業	6.5
	56	機械器具製造業（電気機械器具製造業、輸送用機械器具製造業、船舶製造又は修理業及び計量器、光学機械、時計等製造業を除く。）	5
	57	電気機械器具製造業	3
	58	輸送用機械器具製造業（船舶製造又は修理業を除く。）	4
	59	船舶製造又は修理業	23
	60	計量器、光学機械、時計等製造業（電気機械器具製造業を除く。）	2.5
	64	貴金属製品、装身具、皮革製品等製造業	3.5
	61	その他の製造業	6
運輸業	71	交通運輸事業	4
	72	貨物取扱事業（港湾貨物取扱事業及び港湾荷役業を除く。）	8.5
	73	港湾貨物取扱事業（港湾荷役業を除く。）	9
	74	港湾荷役業	12
電気、ガス、水道又は熱供給の事業	81	電気、ガス、水道又は熱供給の事業	3
その他の事業	95	農業又は海面漁業以外の漁業	13
	91	清掃、火葬又はと畜の事業	13
	93	ビルメンテナンス業	6
	96	倉庫業、警備業、消毒又は害虫駆除の事業又はゴルフ場の事業	6.5
	97	通信業、放送業、新聞業又は出版業	2.5
	98	卸売業・小売業、飲食店又は宿泊業	3
	99	金融業、保険業又は不動産業	2.5
	94	その他の各種事業	3
	90	船舶所有者の事業	42

災害の発生率を基準として、事業ごとに料率が定められています

たとえば、小売業（業種番号 98）で、1 年間に支払う全従業員の給料の総額が 2,000 万円の場合、労災保険料は 2,000 万円 × 0.3% ＝ 6 万円。

労働保険料等の算定基礎となる賃金早見表（例示）

賃金総額に算入するもの	賃金総額に算入しないもの
●基本給、固定給等基本賃金 ●超過勤務手当、深夜手当、休日手当等 ●扶養手当、子供手当、家族手当等 ●宿、日直手当 ●役職手当、管理職手当等 ●地域手当 ●住宅手当 ●教育手当 ●単身赴任手当 ●技能手当 ●特殊作業手当 ●奨励手当 ●物価手当 ●調整手当 ●賞与 ●通勤手当 ●休業手当 ●いわゆる前払い退職金 （労働者が在職中に、退職金相当額の全部、または一部を給料や賞与に上乗せするなど前払いされるもの） ●定期券、回数券等 ●創立記念日等の祝金 （恩恵的なものでなく、かつ全労働者、または相当多数に支給される場合） ●チップ （奉仕料の配分として事業主から受けるもの） ●雇用保険料その他社会保険料 （労働者の負担分を事業主が負担する場合） ●住居の利益 （貸与を行っている場合のうち貸与を受けない者に対し、均衡上住宅手当を支給する場合）	●休業補償費 ●退職金 （退職を事由として支払われるものであって退職時に支払われるもの、または事業主の都合等により退職前に一時金として支払われるもの） ●結婚祝金 ●死亡弔慰金 ●災害見舞金 ●増資記念品代 ●私傷病見舞金 ●解雇予告手当て （労働基準法第20条の規定に基づくもの） ●年功慰労金 ●出張旅費、宿泊費等、赴任手当 （実費弁償的なもの） ●制服 ●会社が全額負担する生命保険の掛金 ●財産形成貯蓄のため事業主が負担する奨励金等 （労働者が行う財産形成貯蓄を推奨援助するため事業主が労働者に対して支払う一定の率、または額の奨励金等） ●住居の利益 （一部の社員に社宅等の貸与を行っているが、他の者に均衡給料が支給されない場合）

雇用保険率表（令和6年度版）の見方

雇用保険の料率と労働者と事業主の負担割合は、次の通り。

一般事業の場合、1.55%を労働者0.6%、事業主0.95%で負担する。

事業の種類	雇用保険料率（①＋②）	①労働者負担	②事業主負担
一般の事業	1.55%	0.6%	0.95%
農林水産・清酒製造の事業	1.75%	0.7%	1.05%
建設の事業	1.85%	0.7%	1.15%

源泉所得税の計算と納付

源泉所得税は、会社が従業員の代わりに税金を計算し、納付するものです。
正確に税額を計算し、納付期限までの納付を厳守しましょう。

会社が源泉徴収し、従業員の代わりに納付する

　源泉徴収とは、従業員が納付すべき所得税を、会社が代わりに給料から天引き（控除）して国に納付する制度です。**税額の計算と納付は会社が行いますが、税金は従業員が全額負担します。**

　源泉徴収した所得税は、給料を支払った月の翌月 10 日までに税務署に納付する必要があります。ただし、従業員が常時 10 人未満であれば、税務署に申請することで、7 月と 1 月の年 2 回、半年分をまとめて納付できます。源泉所得税は、金額によっては、納付が 1 日でも遅れるとペナルティが科せられることがあります。必ず納付期限を守るようにしましょう。

源泉所得税の納付の仕方

❶各従業員の月々の源泉徴収額を求める

| 給料の総支給額 | ー | 通勤手当、社会保険料 | ＝ | 社会保険料などを控除したあとの金額 | 扶養親族の人数 |

税務署からの「給与所得の源泉徴収税額表（月額表）」に当てはめて、源泉徴収額を求める。

❷各従業員に給料を支給する際、❶で求めた源泉徴収額を控除する

❸控除した源泉徴収額を納付する

「所得税徴収高計算書」に必要事項を記入し、翌月 10 日までに金融機関か所轄の税務署で納付する。

特例！

従業員が 10 人未満の場合、あらかじめ税務署に申請することで、毎月ではなく、7 月 10 日（1 月〜6 月分）と 1 月 20 日（7 月〜12 月分）の年 2 回に分けて納付することができる。

源泉徴収税額表で税額を求める

源泉徴収すべき金額は、社会保険料などを控除したあとの給料の額面と扶養親族の人数に応じて計算します。 税額は国税庁のホームページからダウンロードできる給与所得の源泉徴収税額表（→下図）を見ることで求められます。

また、給与計算ソフトを使っている場合は、「電子計算機を使用する場合の計算式」も使えます。税額表を使わずに、決められた計算式で計算できるもので、慣れると素早く所得税の計算や検算が可能となります。

どちらの方法をとるかで、源泉徴収する金額が多少変わってきますが、**最終的には年末調整（→ P.190）によって精算されるので、1年を通してみれば変わりません。** また、通勤手当には所得税がかからない場合もあるので注意しておきましょう。社会保険料や雇用保険料は通勤手当も対象となるので、区別しておく必要があります。

給与所得の源泉徴収税額表（月額表）の見方

給与所得の源泉徴収税額表（令和 X 年分）

（一）**月 額 表**（平成24年3月31日財務省告示第115号別表第一（令和2年3月31日財務省告示第81号改正））　(~166,999円)

その月の社会保険料等控除後の給与等の金額		甲								乙
		扶　養　親　族　等　の　数								
		0 人	1 人	2 人	3 人	4 人	5 人	6 人	7 人	
以　上	未　満	税			額					税　額
円 88,000 円未満	円	円 0	円 0	円 0	円 0	円 0	円 0	円 0	円 0	その月の社会保険料等控除後の給与等の金額の3.063%に相当する金額
153,000	155,000	3,120	1,500	0	0	0	0	0	0	9,300
155,000	157,000	3,200	1,570	0	0	0	0	0	0	9,600
157,000	159,000	3,270	1,640	0	0	0	0	0	0	9,900
159,000	161,000	3,340	1,720	100	0	0	0	0	0	10,200
161,000	163,000	3,410	1,790	170	0	0	0	0	0	10,500
163,000	165,000	3,480	1,860	250	0	0	0	0	0	10,800
165,000	167,000	3,550	1,930	320	0	0	0	0	0	11,100

たとえば、社会保険料などを控除したあとの金額が16万円で、扶養親族等が1人なら、当月の税額は1,720円となる。

毎月行う仕事❼

住民税の特別徴収と納付

住民税は、個人の所得に対して課税されます。会社勤めの人には、給料から住民税を天引き（控除）する特別徴収という制度が設けられています。

特別徴収の場合、会社の責任で納付する

　住民税の納付方法には、**普通徴収**と**特別徴収**の2種類があります。普通徴収とは、本人の住所に納付書が送付されて、各自の責任で納付するものです。一方、**特別徴収は会社の責任のもと、会社が各従業員から住民税を天引き（控除）して納めるものです**。特別徴収すべき住民税の金額は、従業員が住む各自治体から通知されますので、その通りに天引きすれば問題ありません。

　特別徴収の場合、納付の義務は会社にありますので、所得税と同じく納付期限までにしっかりと納付をする必要があります。

住民税の算出と納付の仕方

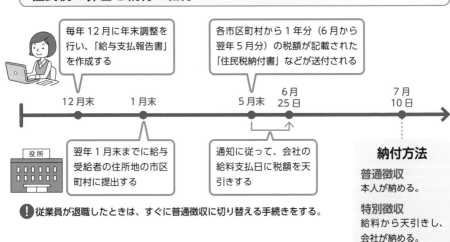

毎年12月に年末調整を行い、「給与支払報告書」を作成する

各市区町村から1年分（6月から翌年5月分）の税額が記載された「住民税納付書」などが送付される

12月末　　1月末　　　　　5月末　　6月 25日　　　　7月 10日

役所

翌年1月末までに給与受給者の住所地の市区町村に提出する

通知に従って、会社の給料支払日に税額を天引きする

納付方法

普通徴収
本人が納める。

特別徴収
給料から天引きし、会社が納める。

❗ 従業員が退職したときは、すぐに普通徴収に切り替える手続きをする。

168

🏢 納付は天引きした月の翌月10日まで

納付期限は、所得税と同じく天引きした月の翌月10日。 給与等の支払いを受ける者が常時10人未満であれば、納付先の自治体に申請することで、6月と12月の年2回、半年分をまとめて納付することもできます。ただし、自治体ごとに申請するのは煩雑なので、毎月納付にする会社も多いです。

給与支払報告書の記入例

その年度の1月1日現在の住所を記入

マイナンバーを記入

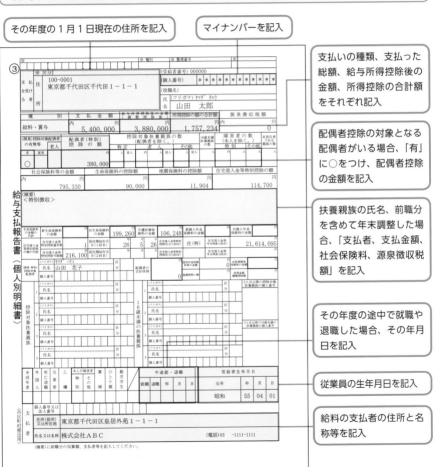

支払いの種類、支払った総額、給与所得控除後の金額、所得控除の合計額をそれぞれ記入

配偶者控除の対象となる配偶者がいる場合、「有」に○をつけ、配偶者控除の金額を記入

扶養親族の氏名、前職分を含めて年末調整した場合、「支払者、支払金額、社会保険料、源泉徴収税額」を記入

その年度の途中で就職や退職した場合、その年月日を記入

従業員の生年月日を記入

給料の支払者の住所と名称等を記入

第5章 経理の仕事 毎月行う仕事❼ 住民税の特別徴収と納付

169

毎月行う仕事❽
退職金

会社によっては、退職金の制度を設けています。退職金は所得税や住民税の面で、特別な計算が必要になります。

退職金にも所得税と住民税がかかる

　会社が従業員に退職金を支払う場合は、会社で退職金の計算を行います。退職金にも、所得税と住民税がかかります。

　まず、課税の対象となる**課税退職所得金額**を求めます。具体的には、**退職金の額面から、右ページ上表の「源泉徴収のための退職所得控除額の表」の退職所得控除を引いて、その金額を 1/2 します。**「1/2 する」ということからわかるように、退職金への課税は通常よりも優遇されています。

　所得税率は、**課税退職所得金額**によって決まります。右ページ下表の「退職所得の源泉徴収税額の速算表」で計算します。退職金は給料と合算せずに、退職金のみで税金を計算する**分離課税方式**がとられていますので、支払い時に確定した所得税額を計算するのです。

退職金にかかる所得税の計算方法

❶課税退職所得金額を計算する　※1,000 円未満切り捨て。

　　課税退職所得金額 ＝（退職金－退職所得控除額）÷2

　　　　　　　　　　　　　　　右ページ上表の「源泉徴収のための退職所得控
　　　　　　　　　　　　　　　除額の表」から該当する控除額を求める。

❷課税退職所得金額から源泉徴収額を求める

　　源泉徴収額 ＝（課税退職所得金額×税率－控除額）×102.1%

　　　　　　　　　税率と控除額は右ページ下　　　復興特別所得税 2.1%
　　　　　　　　　表の「退職所得の源泉徴収　　　を上乗せする。
　　　　　　　　　税額の速算表」から求める。

源泉徴収のための退職所得控除額の表（令和X年分）

源泉徴収のための退職所得控除額の表（令和X年分）
（所得税法別表第六）

勤続年数	退職所得控除額		勤続年数	退職所得控除額	
	一般退職の場合	障害退職の場合		一般退職の場合	障害退職の場合
	千円	千円		千円	千円
2 年 以 下	800	1,800	24　年	10,800	11,800
			25　年	11,500	12,500
			26　年	12,200	13,200
3　年	1,200	2,200	27　年	12,900	13,900
4　年	1,600	2,600	28　年	13,600	14,600
5　年	2,000	3,000	29　年	14,300	15,300
6　年	2,400	3,400	30　年	15,000	16,000
7　年	2,800	3,800	31　年	15,700	16,700
8　年	3,200	4,200	32　年	16,400	17,400
9　年	3,600	4,600	33　年	17,100	18,100
10　年	4,000	5,000	34　年	17,800	18,800
11　年	4,400	5,400	35　年	18,500	19,500
12　年	4,800	5,800	36　年	19,200	20,200
13　年	5,200	6,200	37　年	19,900	20,900
14　年	5,600	6,600	38　年	20,600	21,600
15　年	6,000	7,000	39　年	21,300	22,300
16　年	6,400	7,400	40　年	22,000	23,000
17　年	6,800	7,800	41年以上	22,000千円に、勤続年数が40年を超える1年ごとに700千円を加算した金額	23,000千円に、勤続年数が40年を超える1年ごとに700千円を加算した金額
18　年	7,200	8,200			
19　年	7,600	8,600			
20　年	8,000	9,000			
21　年	8,700	9,700			
22　年	9,400	10,400			
23　年	10,100	11,100			

※「障害退職」とは、障害者になったことに直接基因して退職したと認められる一定の場合をいう。
※「一般退職」とは、障害退職の場合以外の退職をいう。

たとえば、勤続30年で一般退職した場合、1,500万円が退職金の課税対象額から控除される。

退職所得の源泉徴収税額の速算表（令和X年分）

退職所得の源泉徴収税額の速算表（令和X年分）

課税退職所得金額(A)		所得税率(B)	控除額(C)	税額＝((A)×(B)−(C))×102.1%
	1,950,000円以下	5 %	―	((A)× 5 %　　　　　　　)×102.1%
1,950,000円超	3,300,000円 〃	10%	97,500円	((A)×10%−　 97,500円)×102.1%
3,300,000円 〃	6,950,000円 〃	20%	427,500円	((A)×20%− 427,500円)×102.1%
6,950,000円 〃	9,000,000円 〃	23%	636,000円	((A)×23%− 636,000円)×102.1%
9,000,000円 〃	18,000,000円 〃	33%	1,536,000円	((A)×33%−1,536,000円)×102.1%
18,000,000円 〃	40,000,000円 〃	40%	2,796,000円	((A)×40%−2,796,000円)×102.1%
40,000,000円 〃		45%	4,796,000円	((A)×45%−4,796,000円)×102.1%

(注) 求めた税額に1円未満の端数があるときは、これを切り捨てます。

たとえば、課税退職所得金額が200万円の場合、所得税率は10%、控除額は9万7,500円となる。

退職金にかかる住民税の計算はシンプル

住民税の**課税退職所得金額**は、所得税と同じです。退職金の額面からP.171上表の「源泉徴収のための退職所得控除額の表」の退職所得控除額を引いて、その金額を 1/2 します。**住民税の税率は 10% で固定されているので、課税退職所得金額に 10%をかけた金額を天引きすれば OK です。**住民税は市区町村民税 6% と都道府県民税 4% からなります。

プラス+1 退職金に保険料はかからない

退職金には、健康保険料や厚生年金保険料、雇用保険料はかかりません。退職金の管理を金融機関などに委託したり、確定拠出年金という制度を活用したりしている会社も増えてきましたので、その場合は自社で退職金の計算をすることはありません。

退職金にかかる住民税の計算方法

❶課税退職所得金額を計算する ※ 1,000 円未満切り捨て。

課税退職所得金額 ＝（退職金 － 退職所得控除額）÷2

> P.171 上表の「源泉徴収のための退職所得控除額の表」から該当する控除額を求める。

❷課税退職所得金額から住民税額を求める

> 市区町村民税6％＋都道府県民税4％

住民税額 ＝ 課税退職所得金額 × 10%

> 退職金の支給は就業規則で定められているケースもあれば、定めがなくても特別に支給されるケースもあります。支給があった場合には、所得税と住民税の天引きを忘れないようにしましょう

退職金にまつわる経理処理と仕訳

退職金は、自社内で退職金の原資を積み立てるパターンや、外部の機関に掛金を拠出して退職金の支払いを委託するパターンがあります。

退職金にまつわる経理処理は、一定の場合は「退職給付会計」といって複雑な計算が必要になりますので、本書では割愛します。

本書では、多くの中小企業が活用している**中小企業退職金共済（中退共）**や、**確定拠出年金の企業型年金のために掛金を拠出するパターン**についての仕訳処理を見てみましょう。いずれの制度も外部の機関に退職金の管理を任せて、会社は決められたお金を拠出するだけです。中退共は、独立行政法人勤労者退職金共済機構が掛金の管理を行っています。企業型年金制度は、証券会社や金融機関が掛金の管理を行います。

いずれにしても、**中退共などへ支払った金額が、そのまま費用になります**。退職金も福利厚生制度の1つなので、中退共の掛金は**「福利厚生費」**の勘定科目で費用計上するのが一般的です。一方、確定拠出年金は退職給付会計というルールに基づいて費用計上するため、特別に**「退職給付費用」**という勘定科目を使います。実際に従業員が退職して、中退共から退職金が支払われたとき、会社として経理処理は必要ありません。会社は掛金を支払った時点で役目を果たしていて、**退職金が中退共から支払われるときには、会社としてはお金が動かない（取引が発生しない）**ためです。

仕訳例
🖥 7月31日に中小企業退職金共済に掛金として10万円を拠出した。

	借　方		貸　方	
7/31	福利厚生費	100,000	普 通 預 金	100,000

福利厚生費
⊕増 ←左

退職金の掛金は「福利厚生費」を使用して費用計上する。

仕訳例
🖥 7月31日に企業型確定拠出年金の掛金として、A証券会社に100万円を拠出した。

	借　方		貸　方	
7/31	退職給付費用	1,000,000	普 通 預 金	1,000,000

退職給付費用
⊕増 ←左

確定拠出年金への掛金は「退職給付費用」を使用して費用計上する。

173

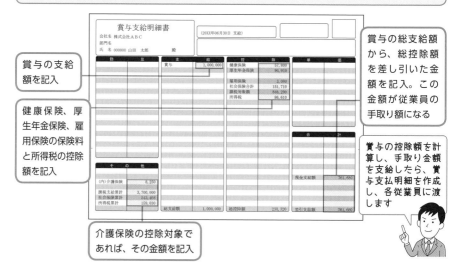

賞与計算

毎年行う仕事❶

従業員に対して、賞与を支給している会社であれば、給料と同様、税金と保険料の天引き（控除）が必要です。

賞与から天引きする金額を確定させる

賞与は会社や各従業員の業績などに応じて支払われる、臨時の給料です。一般的には、夏期給与（7月）と冬期給与（12月）の2回に分けて支払われます。決算時に、期末賞与（決算賞与）を支払う場合もあります。

賞与の計算は、基本的に給料の計算と同じです。賞与の金額そのものは社長や人事部の査定で決めるでしょうから、経理としては賞与から天引き（控除）する金額の確定が重要な仕事になります。**賞与から天引きするのは、所得税と社会保険料（健康保険料＋厚生年金保険料）、雇用保険料の3点です。**給料や退職金と違って、住民税の特別徴収は行われません。

賞与支払明細書の書き方

賞与の支給額を記入

健康保険、厚生年金保険、雇用保険の保険料と所得税の控除額を記入

介護保険の控除対象であれば、その金額を記入

賞与の総支給額から、総控除額を差し引いた金額を記入。この金額が従業員の手取り額になる

賞与の控除額を計算し、手取り金額を支給したら、賞与支払明細を作成し、各従業員に渡します

174

税額と保険料を計算し、賃金台帳に記入する

　所得税については、給料と同様の形式で国税庁が公表している税額表がありますので、その税額表に従って計算を行います。ただし、給料の10倍を超えるような賞与を出す場合には、特殊な計算が必要となります。例外的ですが、年収のほとんどが賞与によっているような会社では、賞与に関する所得税の計算には注意が必要です。

　社会保険料については、給料であれば報酬月額を届け出て、それをもとに天引きする金額の計算が行われましたが、**賞与の場合は支給した賞与の金額を使って、そのものに保険料率をかけて計算します。雇用保険料は、給料と同じく額面に雇用保険料率をかけるだけです。**

　賞与計算が終わったら、給料と同じく賃金台帳に記入しましょう。

賞与計算をする際は法定控除に注意する

控除される項目	計算するときの注意点
健康保険料	税込総支給額（1,000円未満切り捨て）に保険料率をかけた額を控除する（40歳〜65歳未満は介護保険料をプラス）。
厚生年金保険料	税込総支給額（1,000円未満切り捨て）の9.15%を控除する。
雇用保険料	賞与ごとに税込総支給額の業種により0.6%または0.7%を控除する。
源泉所得税	社会保険料控除後の金額に、前月支給給料の金額に応じた税率をかけて算出（税額表を確認）する。
住民税	控除しない。
財形貯蓄など	控除するときは労使協定が必要になる。

※％はすべて2024年4月時点。

これらの法定控除は、法改正が行われることがあるので必ず改正情報をチェックしておく。

賞与の支給は、基本的に「賃金規定」や「労使協定」に基づいて行われます

会社が納める税金

会社には、利益にかかる税金やモノの所有にかかる税金など、さまざまな税金を納付する義務があります。

🏢 会社の利益にかかる税金

　会社が利益を上げる、**いわゆる黒字であれば、その黒字に対して税金が課せられます。**こうした利益に対して課税される税金としては、

> **法人税等**
>
> 法人税　　法人住民税　　法人事業税

があります。これらを合わせて、**法人税等**といいます。税額は、会社の利益をもとに計算されます。

　これらの税金の計算には、簿記とは異なるルールがいくつかあります。たとえば、第4章で説明した貸倒引当金（かしだおれひきあてきん）を計上するときに、同時に費用計上する貸倒引当金繰入額は、一定の額を除いて税金の計算上は費用（損金（そんきん）という）としては認められませんので、除く必要があります。つまり、貸倒引当金は法人税等の課税対象となるのです。**このように決算書上は費用に入れていても、税金を申告するときには費用から除くべき金額があります。**そうした調整を行うのが、**申告調整**です。

　申告書の作成は専門的なので、とくに中小企業では、決算書までは自社で作成して、申告書の作成は税理士が行うという会社もよくあります。

　これらの税金の納税額は決算書上、「法人税・住民税及び事業税」といった科目で表示されます。

🏭 モノの所有などにかかる税金

法人税等は会社の利益にかかる税金ですが、それ以外に**主にモノの所有に対して課税される税金があります。**

代表的なものとして、　**固定資産税**　**自動車税**　など

固定資産税は、**土地や建物などの不動産を会社で所有している場合や、機械などの固定資産を保有している場合に、市区町村が課税する税金です。**とくに不動産以外の固定資産の保有は市区町村で把握できないので、年に1回、毎年1月末までに**償却資産申告書**（→ P.204～208）という書類を自治体に提出します。1月1日時点で保有している固定資産を、市区町村に報告するのです。

自動車税（種別割）は、**自動車の保有に対して課税されます。**個人で保有していても課税されるので、自動車をもっている人にはなじみのある税金でしょう。会社の場合、会社で保有する車、いわゆる社用車に課税されます。

いずれも納期が近づくと、自治体から納付書が送られてきますので、その通りに納める形になります。納付漏れを防ぐために、自動引き落としの手続きをとっておくと安心です。

会社が納める税金の種類

申告納税方式
納税者が所得金額などから税額を計算して申告・納付するもの。

● 法人税（国税）
● 法人住民税（地方税）
● 法人事業税（地方税）
● 消費税（国税）
● 地方消費税（地方税）　など

賦課課税方式
国や地方自治体が納付税額や納付期限を決めて、納付書と計算根拠明細を通知するもの。

● 固定資産税（地方税）
● 都市計画税（地方税）
● 自動車税（地方税）
● 不動産取得税（地方税）　など

法人税の計算と納税

法人税は毎年1回、納税します。決算書の数字をもとに計算するので、決算書を作成したあとに行います。

🏢 法人税は決算にあわせて年1回、申告・納付する

　　法人税の申告は原則として、会社の決算にあわせて年1回行います。申告書の提出期限は原則として、決算日から2ヵ月以内です。あわせて、この期限までに法人税を納付する必要があります。

　　法人税を計算する際には、**申告調整**という処理が必要です。会計のルールで作成した決算書と、法人税のルールで作成される申告書の間にあるルールの違いを埋める処理です。

法人税の納税期限と法人税率

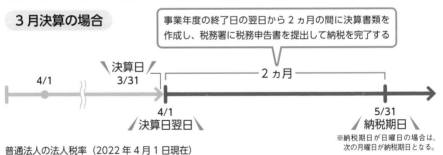

3月決算の場合

事業年度の終了日の翌日から2ヵ月の間に決算書類を作成し、税務署に税務申告書を提出して納税を完了する

4/1	決算日 3/31	2ヵ月
	4/1 決算日翌日	5/31 納税期日

※納税期日が日曜日の場合は、次の月曜日が納税期日となる。

普通法人の法人税率（2022年4月1日現在）

区分			適用関係（開始事業年度）		
			2016年 4月1日以後	2018年 4月1日以後	2019年 4月1日以後
普通法人	資本金1億円以下の法人など	年800万円以下の部分 下記以外の法人	15.0%	15.0%	15.0%
		適用除外事業者			19.0%
		年800万円超の部分	23.4%	23.2%	23.2%
	上記以外の普通法人		23.4%	23.2%	23.2%

2019（平成31）年4月1日以後に開始する事業年度において、適用除外事業者（その事業年度開始の日前3年以内に終了した各事業年度の所得金額の年平均額が15億円を超える法人等）に該当する法人の年800万円以下の部分については、19%の税率が適用される。

身近な例として、交際費があります。いくら交際費を使うかは、会社の予算次第なので、会計上、とくに制限はありません。ただし、法人税のルールでは、交際費が多額に計上されることで利益、ひいては所得税額が減ってしまうことを抑止するために、申告できる交際費に上限を設けています。このため、**申告書の作成の際には、その上限を超えた交際費分を利益に加算する処理が必要となります。**

また、P.176 で述べたように、貸倒引当金のような見込みの経費についても、法人税の申告では利益に加算します。法人税の計算は、実現したものだけを算入するのが原則なのです。

期の途中で納税する中間申告・中間納付

法人税には、**中間申告・中間納付**があります。法人税は年 1 回納めますが、年 1 回まとめて全額を納付する形だと、会社の資金繰りにもかたよりが生じてしまいます。**そこで、前年度の法人税額が 20 万円を超えた場合に、期の途中（期首から 6 ヵ月を経過した翌日から 2 ヵ月以内）に納付を行う中間納付の制度があります。**基本的には、前年度の法人税のおよそ 50% を納税することになります。納付の時期になると、税務署から納付額が印字された納付書が送られてくるので、その通りに納税します（e-tax による申告をしている場合は郵送されません）。

ただし、業績の悪化などで中間納付が困難な場合には、**6 ヵ月目でいったん決算を行って、その数字をもとに中間納付を行う制度もあります。**そのときに赤字であれば、中間納付も発生しません。

中間納付はあくまで仮の納付なので、期末の納税額が確定すれば、その金額から差し引くことができますし、もし中間納付のほうが期末の確定した税額よりも大きければ、その分は還付を受けられます。

中間納付をした際には、**仮払税金**の勘定科目で処理する場合と、**法人税・住民税及び事業税**で処理する場合があります（仕訳の方法は P.180）。

第5章

経理の仕事　毎年行う仕事❸　法人税の計算と納税

中間納付を行う際の仕訳

中間納付時に「仮払税金」の勘定科目を使用する場合

仕訳例
💻 **10月1日に1万円を中間納付した。**

	借　　方		貸　　方	
10/1	仮 払 税 金	10,000	普 通 預 金	10,000

> 仮払税金
> ➕増 ⬅左

中間納付の勘定科目は
「仮払税金」を使用。

普通預金が減るので、貸方（右）に記入する。

> 仮払税金は一時的に使用する勘定科目なので、期末に税額が確定したら消し込む処理が必要です

仕訳例
💻 **期末に法人税額1万9,000円が確定した。**

	借　　方		貸　　方	
3/31	法人税・住民税及び事業税	19,000	未払法人税等	9,000
			仮 払 税 金	10,000

> 仮払税金
> ➖減 ➡右

確定した税金の勘定科目は「法人
税・住民税及び事業税」を使用。

仮払税金は消し込みされ、不足分を
追加で納税する仕訳をした。

中間納付時に「法人税・住民税及び事業税」の勘定科目を使用する場合

仕訳例
💻 **10月1日に1万円を中間納付した。**

	借　　方		貸　　方	
10/1	法人税・住民税及び事業税	10,000	普 通 預 金	10,000

今回は「法人税・住民税及び事業税」
を直接使用し、仕訳を行った。

仕訳例
💻 **期末に法人税額1万9,000円が確定した。**

> 仮払税金を使用していないので、差額の9,000円を納付した仕訳を行えばOKです

	借　　方		貸　　方	
3/31	法人税・住民税及び事業税	9,000	未払法人税等	9,000

中間納付からの差額分をそのまま
納付した仕訳を行う。

🏢 青色申告は特典がいっぱい

青色申告とは、簿記のルールに従って経理を行っていて、税務署にその旨の承認を受けた場合に適用される申告方式です。簿記のルールに従って、しっかりした経理体制を整えている会社であれば、まず青色申告と思って OK です。

青色申告であれば、赤字を 10 年にわたって繰り越すことができたり（**欠損金の繰越控除**）、赤字を前年度の黒字にさかのぼって相殺して税金の還付を受けることができたり（**欠損金の繰戻還付**）といった特典を受けられます。

青色申告は税金に関連する話であり、経理の仕事として直接関係する話ではありません。ただし、もし法人税の申告書を社内で作成している場合には、知っておく必要があります。

青色申告の申請をすると受けられる主な特典

> **欠損金の繰越控除**
> 法人の欠損金（赤字）の繰越控除ができる

次期以降 10 年にわたって、プラスの所得と通算することができる制度

たとえば……

| 1 年目 | 2 年目 | 3 年目 | 4 年目 |

赤字 −1,000 万円　繰り越し！

黒字！ 500 万円　黒字！ 500 万円　繰り越し！　黒字！ 500 万円

赤字を通算して繰り越しできて法人税は発生しない

赤字の繰越分がなくなったので、法人税が発生する！

ある年に発生した赤字を最大 10 年まで繰り越して、翌年以降の利益から控除できる。つまり、その赤字の金額を超える黒字が出るまで、法人税は発生しない。青色申告法人ではない場合（白色申告法人の場合）、赤字の繰越控除は認められていない。

毎年行う仕事❹
地方税の計算と納税

法人税と同じタイミングで、法人住民税や法人事業税も申告や納税を行います。これらは地方自治体に納めるため、地方税と呼ばれます。

地方税の納付期限は法人税と同じ

地方税である法人住民税と法人事業税は法人税と同じく、決算日から2ヵ月以内に申告書を提出し、納付する必要があります。法人税の申告書の提出先が税務署なのに対して、**地方税の申告書の提出先は都道府県税事務所や市町村役場です。**

法人住民税の計算方法

法人住民税は、「均等割」と「法人税割」の合計金額を納付する。それぞれの計算方法を押さえておこう。さらに都道府県に納めるものと、市町村に納めるものに分けられる。

法人住民税

均等割
事務所を設置した時点で課税される税金。赤字であっても課税される。

法人税割
法人税額に応じて課税される。事業所や支店等の従業員数で按分し、納税する。

法人の
都道府県民税 ＝ 都道府県民税の均等割 ＋ （法人税額×都道府県民税率）

都道府県民税の法人税割額

法人の
市町村民税 ＝ 市町村民税の均等割 ＋ （法人税額×市町村民税率）

市町村民税の法人税割額

法人住民税も都道府県民税と市町村民税に分かれるので、それぞれの計算が必要です

法人住民税は均等割と法人税割の2種類

　法人住民税は、事業所が所在する都道府県や市町村に対して納めます。複数の都道府県や市町村にまたがって事業所をもつ会社であれば、その自治体ごとに申告書を提出します。

　法人住民税は、**均等割**（きんとうわり）と**法人税割**（ほうじんぜいわり）の2種類に分かれています。**均等割は、事業所を設置したことに対して課税されます。**そのため、均等割は法人税等の中で、例外的に赤字でも課税されるものになります。

　法人税割は、法人税の額に応じて課税されます。複数の自治体にまたがって事業所や店舗などがある場合、法人税割の総額を計算したあと、**各自治体の事業所・店舗にいる従業員の人数に応じて、各自治体に支払う税額を按分します。**

法人住民税を納税する際の注意点

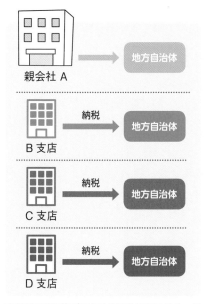

事業所や支店等が異なる自治体にある場合、それぞれの地方自治体に納付することになる。

❗注意点！

均等割

会社の所得にかかわらず、資本金と従業員数によって税額が決まる。

法人税割

事業所や支店等が異なる地方自治体にある場合は、法人税割額は事業所・支店ごとの従業員数で按分して納税する。

📝 例 法人税割が10万円で、A市にある事業所の従業員数15人、B市にある事業所の従業員数5人の場合

従業員の割合はA市75％、B市25％なので
A市に納める法人税割＝
100,000円×75％＝75,000円

B市に納める法人税割＝
100,000円×25％＝25,000円　となる。

🏢 法人事業税のベースは法人税の課税所得

　法人事業税も、**事業所が所在する都道府県に対して納めます**。事業所がある都道府県ごとに申告書を提出するのは、法人住民税と同じです。法人事業税は**法人税の課税対象となった金額（法人税の課税所得）に、事業税率をかけて計算します（右ページ下図）**。

　また、法人事業税を納める法人は、**特別法人事業税**も納める必要があります。特別法人事業税は国税ですが、申告上は法人事業税とあわせて納税することになります。納税額は、納める事業税の37％（資本金が1億円以下の法人の場合）です。

🏢 地方税も中間納付が必要である

　法人住民税と法人事業税も、法人税と同じように中間申告・中間納付の制度があります。法人税と同じように印字された納付書が届きますので、そのまま納付すれば問題ありません。資金繰りなどの関係で、6ヵ月目の仮決算で、中間納付の金額を計算することも可能です。

🏢 納付と申告は必ずセットで行う

　税金の納税において、申告と納付はセットです。法人税、法人住民税、法人事業税のいずれも、納付だけ行って申告書を提出しなければ、何の納付か役所にはわかりません。「納付が済んだから大丈夫」ではなく、必ずその納付の金額の根拠となる申告書の提出も、決算後2ヵ月という期限内に行いましょう。

　また、たとえ納税しても、申告書の提出が漏れていればペナルティが科されることもあります。申告書の提出期限は厳守しましょう。

法人が納める地方税の標準税額（率）表

区分				都道府県税	市町村税
住民税	均等割	資本金などが1,000万円超1億円以下	従業員が50人超	50,000円	150,000円
			従業員が50人以下		130,000円
		資本金などが1,000万円以下	従業員が50人超	20,000円	120,000円
			従業員が50人以下		50,000円
	法人税割	資本金などが1億円以下で、税額が年1,000万円以下の場合、法人税額に対して		7.0%	自治体により異なる
事業税	400万円以下の部分			3.5%	なし
	400万円超800万円以下の部分			5.3%	なし
	800万円超の部分			7.0%	なし

※東京都の場合。 ※2021年5月時点。

法人事業税の計算方法

 資本金が1億円以下の会社の場合

法人事業税 ＝ 法人税の課税所得 × 法人事業税率

事業所がある都道府県ごとに申告書を提出するのは、法人住民税と同じです

毎年行う仕事❺
消費税の計算と納税

消費税においては、会社は消費者から受けとった消費税を国に納める義務があります。

🏢 消費税は取引先から預かった税金

消費税は身近な税金の1つです。事業者は商品・サービスの料金に消費税率10%を上乗せして、取引先から受けとります。この10%分のお金は、取引先が納める消費税を事業者が預かった扱いになります。

消費税もほかの税金と同じように、**原則として年に1回、決算日から2ヵ月以内に申告書を提出し、納税します。**

なお、消費税を受けとっても、納めなくてもよいケースがあります。細かいルールは割愛しますが、まずは**2事業年度前（基準期間という）の決算書上の売上が1,000万円を超えていなければ、消費税を納める義務はありません。**その年度に消費税を納める必要があるかどうかが、2期前に確定しているのです。年商が1,000万円にいくかどうかというラインの会社であれば、毎年2期前の決算書を見て納税義務の有無を確認しましょう。

🏢 預かった金額から支払った金額を差し引いて納める

消費税は売上だけでなく、仕入や諸経費にもかかります。たとえば、商品や材料の仕入、家賃の支払い、備品の購入など、さまざまな場面で会社は取引先に消費税を支払います。

そのため、**消費税は受けとった金額から支払った金額を引いた金額を納めることになります。**受けとった消費税を、そのまま納めるわけではありません。これを**原則課税方式**といいます。

また、2 期前の売上が 5,000 万円以下の会社であれば、**簡易課税方式**を選択することもできます。簡易課税方式とは、**外部に支払った消費税は無視して、売上で預かった消費税の一定割合を納税する制度です。**売上で預かった消費税だけで納税額を計算できるので、通常の計算方式よりも簡単です。

　また、消費税にも中間納付の制度があります。中間納付が必要な会社には、法人税と同じタイミングで消費税の中間納付の納付書も送られてきます。法人税とあわせて納付を行いましょう。

消費税の計算方法

| 消費税 | 決算日の翌日から 2 ヵ月以内に納税 ← 法人税と同じように納税 |

設立　　　2 年目　　　3 年目　　　4 年目

↑ 2 年前の売上高 1,000 万円以上　　　納税が発生

原則課税方式

消費税の納付額 ＝ 課税売上高 × 10% － 課税仕入高 × 10%

課税対象になる売上高と仕入高にそれぞれ消費税率 10% をかけ、差し引いた金額を納める。

簡易課税方式

消費税の納付額 ＝ 課税売上高 × 10% －（ 課税売上高 × みなし仕入率 × 10% ）

簡易課税のみなし仕入率

区分	業種	みなし仕入率
第 1 種事業	卸売業	90%
第 2 種事業	小売業	80%
第 3 種事業	製造業・建設業等	70%
第 4 種事業	飲食業・その他	60%
第 5 種事業	金融業・保険業・運輸通信業・飲食以外のサービス業	50%
第 6 種事業	不動産業	40%

課税売上高に業種ごとのみなし仕入率をかけ、差し引く消費税額を求める。
課税仕入高の計算が不要というメリットがある。

仕訳の仕方として税抜経理と税込経理がある

　消費税は、日々の仕訳にも大きくかかわってきます。これまで解説をシンプルにするためにあえて触れませんでしたが、消費税と仕訳は切っても切れない関係にあり、非常に重要なポイントです。

　まず消費税については、**税抜経理**と**税込経理**の２パターンがあります。税抜経理とは、消費税を分けて仕訳する方法です。**支払った消費税は「仮払消費税」、受けとった消費税は「仮受消費税」として、本体部分とは別に仕訳します。**

　一方、**税込経理では、消費税を含めて仕訳します。**数字のうえでは、消費税分を考慮せずに仕訳する形です。

税抜経理の場合

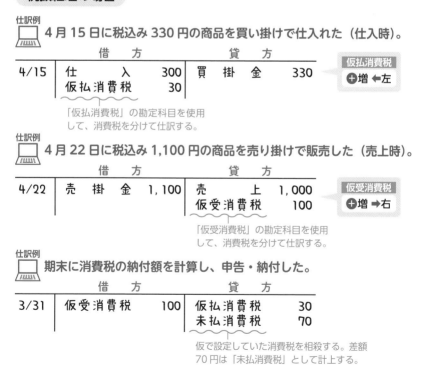

仕訳例
４月15日に税込み330円の商品を買い掛けで仕入れた（仕入時）。

	借　方		貸　方	
4/15	仕　　　入	300	買　掛　金	330
	仮払消費税	30		

仮払消費税
➕増 ←左

「仮払消費税」の勘定科目を使用して、消費税を分けて仕訳する。

仕訳例
４月22日に税込み1,100円の商品を売り掛けで販売した（売上時）。

	借　方		貸　方	
4/22	売　掛　金	1,100	売　　　上	1,000
			仮受消費税	100

仮受消費税
➕増 ➡右

「仮受消費税」の勘定科目を使用して、消費税を分けて仕訳する。

仕訳例
期末に消費税の納付額を計算し、申告・納付した。

	借　方		貸　方	
3/31	仮受消費税	100	仮払消費税	30
			未払消費税	70

仮で設定していた消費税を相殺する。差額70円は「未払消費税」として計上する。

税込経理の場合

🖥 **仕訳例**
4月15日に税込み330円の商品を買い掛けで仕入れた（仕入時）。

	借　方		貸　方	
4/15	仕　　入	330	買　掛　金	330

消費税も仕入に含めて仕訳する。

仮払消費税
なし

🖥 **仕訳例**
4月22日に税込み1,100円の商品を売り掛けで販売した（売上時）。

	借　方		貸　方	
4/22	売　掛　金	1,100	売　　上	1,100

消費税をそのまま売上に含めて仕訳する。

仮受消費税
なし

🖥 **仕訳例**
期末に消費税の納付額を計算し、申告・納付した。

	借　方		貸　方	
3/31	租　税　公　課	70	未払消費税	70

売上高−仕入高の差額に対する消費税を「租税公課」という勘定科目で仕訳する。
相手勘定は差額をまだ支払っていないということで、「未払消費税」で処理する。

　説明を単純にするために1つずつの取引を例にしましたが、実際には1年度分の全取引を集計して、同じ形の仕訳をすることになります。

　多くの会社では、税抜経理の方式を採用しています。会計ソフトを使っていれば、各仕訳で消費税がかかるかどうかを設定するだけで、自動で振り分けてくれます。

👉 **実務のツボ**

消費税がかかるものかどうかを判断する

　経理の実務で重要なのは、どの取引に消費税が課税されるかを判断することです。たとえば、同じ家賃でも、オフィスとして借りていれば消費税がかかりますが、従業員の社宅として借りていれば消費税がかかりません。もし、社宅に消費税がかかる処理をしてしまうと、余分な仮払消費税が計上されて、月次の試算表も正しいものでなくなります。

年末調整

年末調整は年に1回、従業員から毎月源泉徴収していた所得税の合計と、実際に納めるべき所得税の差額を精算する手続きです。

🏢 年末に所得税の差額を調整する

　年末調整とは、それぞれの従業員から源泉徴収していた所得税の合計と、実際に従業員が納めるべき所得税の差額を精算する手続きです。毎月の給料から源泉徴収している所得税は、概算していったん天引き（控除）しているだけで、実際の納税額は年収が確定しないと計算できません。ですので、年末にその差額を調整する手続きを行うのです。

源泉徴収した
所得税の合計額　＞　実際に納めるべき所得税

であれば、12月の給料に上乗せして従業員に還付する。

源泉徴収した所得税の合計額　＜　実際に納めるべき
所得税

であれば、12月の給料からその分を控除する。

🏢 年末調整はスピードが重要！

　実際には、従業員に還付するケースがほとんどです。納めすぎた所得税を還付しているのですが、これは本来、税務署が還付を行うべきものであり、会社が代わりに立て替えていることになります。そのため、年末調整で従業員に還付した所得税はそれ以降、会社が税務署に納付する源泉所得税の金額と相殺することができます。従業員に還付した所得税と、税務署に納めるべき所得税を差し引きするということです。

そのためには源泉所得税の納税額を早く確定させることが大事なので、年末調整はスピーディーに行う必要があります。

　毎年 10 月中には、各従業員の住所に生命保険の控除証明書など、年末調整の書類が届きます。11 月半ばには、各従業員に年末調整の書類を配布しましょう。**12 月に支給する給料を反映させるには、およそ何日前までに各従業員の書類が集まっている必要があるのかを逆算して、期日を設けるようにします。**

　スピーディーな年末調整を実行するためには、従業員への周知や協力が重要になってきます。書類の提出期限や必要な書類について、しっかりと周知して年末調整の計算が間に合うように手配しておきましょう。

年末調整の流れ

❶扶養控除・保険料控除申告書を配布、回収する

配偶者控除、扶養控除、配偶者特別控除、保険料控除等の所得控除額の確認をする。控除申告書は、必ず給与受給者本人に記入してもらう。従業員が個人で加入している生命保険料等の控除証明書を添付してもらう。

❷本年分の給与総額と源泉徴収した税額を集計する

❸給与所得控除後の給与等の金額を計算する

税務署からの「給与所得控除後の金額算出表」をもとに算出する。

❹課税給与所得金額を計算する

❺年税額を計算する

国税庁からの「年税額速算表」によって求める。住宅借入金等特別控除が受けられる従業員は、さらに控除額を控除したものが年税額となる。

❻源泉徴収の合計額と年税額との過不足分を精算する

毎月の源泉徴収額のほうが多ければ差額を還付し、年税額のほうが多ければ差額を 12 月の給与から控除する。

❼徴収高合計書（納付書）に記入して、徴収税額を納付する

年末調整に使う主な書類は、以下の通りです。

給与所得者の扶養控除等 （異動）申告書	扶養控除や障害者控除など、人に関する所得控除を受けるための書類。
給与所得者の基礎控除申告書兼 給与所得者の配偶者控除等申告書 兼所得金額調整控除申告書	配偶者控除、基礎控除などの控除を受けるための書類。
給与所得者の保険料控除申告書	生命保険料や地震保険料など保険関係の控除を受けるための書類。
給与所得者の住宅借入金等 特別控除申告書	住宅ローン控除を受けるための書類。

年末調整後、従業員に源泉徴収票を交付する

どの書類も記入事項が多く、慣れている人でもなければ、正確に記入することはむずかしいでしょう。従業員から提出された書類を、経理側で訂正することもある程度はやむを得ません。

年末調整をスムーズに終わらせるためには最低限、控除額を証明するための各種書類は必ず提出してもらうようにして、経理側で各申告書を追記することも想定しておきましょう。

年末調整が終わったら、従業員に**源泉徴収票**を交付する義務があります。**源泉徴収票は、その従業員にいくら給料を支払い、いくら所得税を納めたかを明らかにする書類です。**源泉徴収票は12月の給料明細に同封できるように準備をしましょう。源泉徴収票は記入項目が多いので、給与計算ソフトなどを利用して作成するのがオススメです。そうすれば、万が一従業員が源泉徴収票を紛失するなどして再交付する際にも便利です。

所得税源泉徴収簿の記入例

所得税源泉徴収簿とは、各従業員に月々支払っている給料や、その給料から徴収した税額などを記録しておく帳簿。国税庁のホームページからダウンロードできる。

毎月の給料、賞与の支払額、控除した社会保険料等の金額を記入する

毎月の給料から控除している源泉所得税額を記入する

配偶者控除の有無、扶養親族の数を記入する

左側の欄で計算した①③④⑥の金額を、それぞれの欄に記入してから計算する

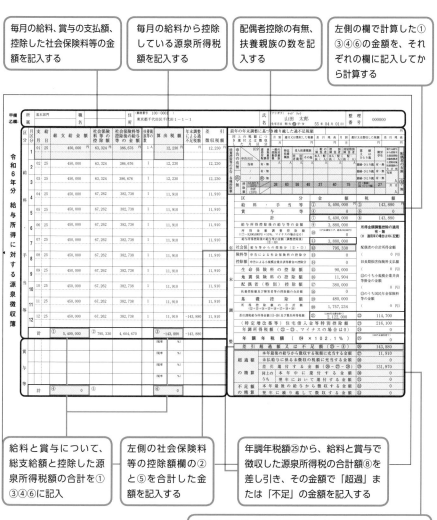

給料と賞与について、総支給額と控除した源泉所得税額の合計を①③④⑥に記入

左側の社会保険料等の控除額欄の②と⑤を合計した金額を記入する

年調年税額㉕から、給料と賞与で徴収した源泉所得税の合計額⑧を差し引き、その金額で「超過」または「不足」の金額を記入する

㉖差引超過額（または不足額）から、㉗本年最後の給料から徴収する税額、㉘未払い給与に係る未徴収の税額を差し引き、年末調整後に従業員に還付する金額を記入

給与所得・退職所得等の所得税徴収高計算書（領収済通知書）の記入例

給与所得・退職所得等の所得税徴収高計算書（領収済通知書）とは、金融機関や所轄の税務署で所得税の納付を行うための書類。所得税以外にすべての国税の納付に利用できる。

実際の支払年月日を記入する

所轄の税務署名を記入する

それぞれ該当する欄に各月の実人員を記入する

給料、退職手当等を支払った年月を記入する。支払年月日と同じ

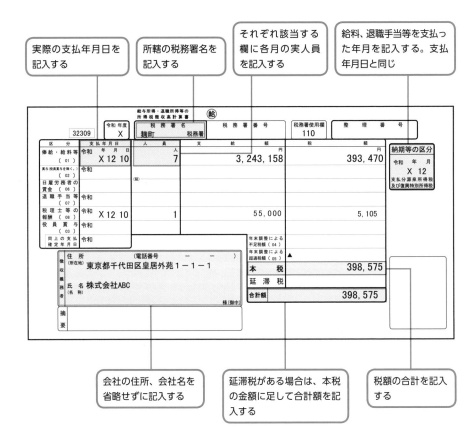

会社の住所、会社名を省略せずに記入する

延滞税がある場合は、本税の金額に足して合計額を記入する

税額の合計を記入する

税務署への過納額（年末調整未精算額）が 12 月中の源泉徴収税額を超えて、納付する税額がなくなった場合に記入するパターン。下記は、年末調整未精算額 853,146 円、12 月中の源泉徴収税額 471,408 円のときの記入例。

実際の支払年月日を記入する

所轄の税務署名を記入する

それぞれ該当する欄に各月の実人員を記入する

給料、退職手当等を支払った年月を記入する。支払年月日と同じ

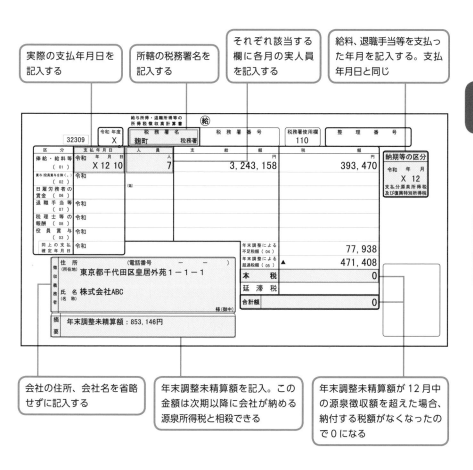

会社の住所、会社名を省略せずに記入する

年末調整未精算額を記入。この金額は次期以降に会社が納める源泉所得税と相殺できる

年末調整未精算額が 12 月中の源泉徴収を超えた場合、納付する税額がなくなったので 0 になる

毎年行う仕事❼
給与支払報告書

給与支払報告書は、自治体が従業員に地方税を課税するための書類です。年末調整が終わると、法定調書（→ P.198）とともに作成します。

給与支払報告書は源泉徴収票とほぼ同じ様式

　給与支払報告書は、自治体が各従業員の住民税を計算するための書類で、会社に提供を義務づけています。**様式は源泉徴収票とほぼ同じです。**給与計算ソフトであれば、年末調整が終われば、給与支払報告書も出力できるようになっています。

　給与支払報告書は2枚必要です。2枚とも住民税の計算のため、**毎年1月1日時点での各従業員の住民票がある自治体に提出します**（詳しくはP.200）。もし従業員が引っ越ししている場合などには、その情報も反映しなければいけません。

　自治体に提出する給与支払報告書は2枚とも、**給与支払報告書総括表（→右ページ）**という従業員ごとの給与支払報告書の枚数などを集計した表を添付して提出しなければいけません。総括表も2枚の提出が必要です。

プラス1 　給与支払報告書が住民税の特別徴収につながる

　自治体は提出された給与支払報告書に記載された情報をもとに、各従業員の住民税の税額を計算し、特別徴収の対象者について、毎月天引き（控除）する金額を会社に通知します。ここから、P.168で解説した「住民税の特別徴収」の業務につながります。

住民税の納付方法を指定する

　給与支払報告書の提出時に気をつけたいのが、住民税の納付方法の指定です。**給料を受けている人は、原則として特別徴収で住民税を納付します。** ただし、たとえばアルバイトでシフトが不定期の人など、給与からの天引きがむずかしい人は、給与支払報告書にその旨を記入することで、特別徴収から外すことができます。普通徴収の対象になる人は、

・**副業で、他の会社で特別徴収を受けている人**

・**退職がすでに決まっている人**

・**給料の支払いが不定期な人**

　などです。**これらに当てはまる場合は給与支払報告書にその旨を記入し、理由書もあわせて自治体に提出します。**

給与支払報告書（総括表）の記入例

一度提出した給与支払報告書（総括表）の内容を訂正、または修正するときは該当するものに○をつける

給料の支払い期間を記入する

それぞれの該当する事項に記入する

令和X年度（令和○年分）給与支払報告書(総括表)　　2月1日までに提出してください。

追加 訂正	令和　　　年　　　月　　　日提出　千代田区　　　　　　長殿	※ 種別	※ 整理番号	※

1 給与の支払期間	令和　○　年 01 月分から 12 月分まで	10 提出区分	年間分	退職者分

2 給与支払者の個人番号又は法人番号		11 給与支払の方法及び期日	月給 毎月25日

3 給与支払者郵便番号	〒100-0002　　　※	12 事業種目その他必要な事項	対事業所サービス業

4 （フリガナ）	トウキョウトチヨダクコウキョウガイエン１－１－１	13 提出先市区町村数	1
給与支払者所在地（住所）	東京都千代田区皇居外苑１－１－１　ビル内　電話（　03）1111-1111 番	14 受給者総人員	1 名

5 （フリガナ）	カブシキガイシャＡＢＣ	報告人員	15 特別徴収対象者	1 名
名称（氏名）	株式会社ＡＢＣ		16 普通徴収対象者（退職者）	0 名
6 代表者の職氏名	代表取締役　　　鈴木　花子		17 普通徴収対象者（退職者を除く）	0 名
7 経理責任者氏名			18 報告人員の合計	1 名

8 連絡者の係及び氏名並びに電話番号	経理課　　　　　係 氏名佐藤　一郎　　（　03）0000-0000 番内線　　番	19 所轄税務署	麹町　　　　税務署
9 会計事務所等の名称	（　）　－　　番	20 納入書の送付	要 ・ 不要
		21 前年の特別徴収義務者指定番号	

197

毎年行う仕事❽
法定調書

年末調整が終わったら、1年間の給料の支払額などを集計して税務署に報告する必要があります。それを法定調書といいます。

支払った費用を報告する法定調書

　会社を経営するうえでは、さまざまな費用を支払います。その中で、**税法上で決められた支払いについては、税務署に1年間の支払額を報告する業務があります。** その報告のために作成するのが、**法定調書**です。**支払調書**と呼ばれることもあります。

　源泉徴収票（給与支払報告書、→ P.202）と、法定調書（取引先などに支払った費用の報告書）のうち一定の金額を超えるものは、事業者に提出が義務づけられています。さらに「**給与所得の源泉徴収票等の法定調書合計表**」（→ P.203）を添付し、税務署に提出します。**提出期限は毎年1月末で、前年1月1日から12月31日までに支払った実績をもとに作成します。**

法定調書で報告する費用を集計する期間

1月1日から12月31日までの1年間の費用を集計する。

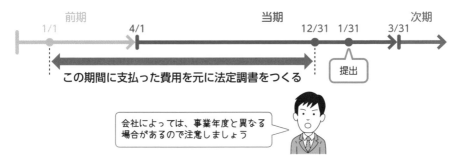

この期間に支払った費用を元に法定調書をつくる

会社によっては、事業年度と異なる場合があるので注意しましょう

198

法定調書で報告すべき支払いは、大きく分けて以下の通りです。

給料や賞与	**家賃やその仲介手数料**
税理士や弁護士などへの支払い	**デザイナーなどへの支払い**

常に発生するものは、上記の4点です。このほかに、不動産を売買した場合の代金などが発生することもあります。

上記の支払いについて、取引先ごとに集計したのち、「給与所得の源泉徴収票等の法定調書合計表」に年間の支払額をまとめます。また、支払額によっては、個別に明細（支払調書）を提出する必要があります。

毎月の仕訳入力のときに集計しておくと便利

法定調書合計表を作成するのは年1回ですが、その作成のために1年間の支払いを集計する必要があります。

そのため、**毎月の仕訳入力の際に、法定調書合計表に記入すべき支払いもあわせて集計しておくと便利です。**そうすれば、法定調書合計表の作成の際に、数ヵ月前の請求書を改めて確認する手間が省けます。法定調書には取引先の名称のほか、住所を記入する必要もありますので、受けとった請求書などから住所も記録しておくとよいでしょう。

実務のツボ

取引先から法定調書を求められたら？

取引先から確定申告の資料として使用するために、取引先単体の法定調書の提供を求められることがあります。本来、法定調書は税務署に提出するために作成するものなので、取引先に提供する義務はありません。それでも、リクエストされた場合は、サービスの一環として提供してもよいでしょう。

源泉徴収票（給与支払報告書）の提出先

源泉徴収票（給与支払報告書）は4枚つづりで、それぞれ提出先が異なる。間違いのないように提出しよう。

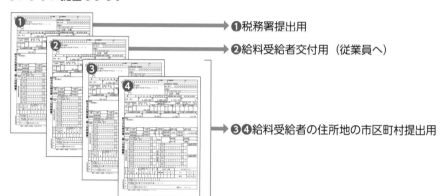

➊税務署提出用

➋給料受給者交付用（従業員へ）

➌➍給料受給者の住所地の市区町村提出用

提出期限
1月31日 まで

  源泉徴収票の提出が必要な人

源泉徴収票（給与支払報告書）を税務署に提出するのは、下記のいずれかに該当する人。

年末調整をした人

➊役員で給料の支払金額が150万円を超える人。

➋正社員等が弁護士、公認会計士、税理士、司法書士、建築士などで、給料の支払金額が250万円を超える人。

➌上記①②以外の人で、給料の支払金額が500万円を超える人。

年末調整をしなかった人

➊年の途中で退職した人、災害の被害を受けたため、源泉所得税の徴収の猶予または還付を受けた人で、給料の支払金額が250万円を超える人。ただし、役員の場合は50万円を超える人。

➋「給与所得者の扶養控除等申告書」を提出しなかった人で、給料の支払金額が50万円を超える人。

「給与所得の源泉徴収票等の法定調書合計表」の作成手順

法定調書合計表の作成は、下記の2ステップで行う。

ステップ1
所得税源泉徴収簿から源泉徴収票へ転記する

所得税源泉徴収簿

源泉徴収票（給与支払報告書）

➡記入例は P.193

➡記入例は P.202

所得税源泉徴収簿の数字を、源泉徴収票（給与支払報告書）に転記する

ステップ2
源泉徴収票から「給与所得の源泉徴収票等の法定調書合計表」を作成する

給与所得の源泉徴収票等の法定調書合計表

➡記入例は P.203

転記の漏れやミスなどがないように、注意して作成しましょう

給与所得や退職所得、報酬・料金・契約金・賞金など、法定調書の種類ごとに支払った金額や源泉徴収額の合計などを記入する書類。給与所得の場合は、「給与所得の源泉徴収票等の法定調書合計表」を使用する。

所得税源泉徴収簿 （→ P.193）

支払いを受けた人の個人番号
（マイナンバー）を記入

所得税源泉徴収
簿から各金額を、
それぞれの場所
に転記する。

※			※ 種別	※ 整理番号	※	
③ ※ 区分				（受給者番号）000000		
支払を受ける者	住所	100-0001 東京都千代田区千代田１−１−１		（個人番号）＊＊＊＊＊＊＊＊＊＊＊＊		
				（役職名）		
				氏名 （フリガナ）ヤマダ タロウ 山田　太郎		

種別	支払金額	給与所得控除後の金額（調整控除後）	所得控除の額の合計額	源泉徴収税額
給料・賞与	内 5,400,000 円	円 3,880,000	円 1,757,234	内 0 円

（源泉）控除対象配偶者の有無等		配偶者（特別）控除の額	控除対象扶養親族の数（配偶者を除く。）				障害者の数（本人を除く。）		非居住者である親族の数
有	従有 老人		特定 人 従人	老人 内 人	その他 人 従人	16歳未満扶養親族の数	特別 内 人	その他 人	
○		380,000							

社会保険料等の金額	生命保険料の控除額	地震保険料の控除額	住宅借入金等特別控除の額
内 795,330 円	90,000 円	11,904 円	114,700 円

（摘要）
<特別徴収>

生命保険料の金額の内訳	新生命保険料の金額		旧生命保険料の金額	199,260	介護医療保険料の金額	106,248	新個人年金保険料の金額		旧個人年金保険料の金額	
住宅借入金等特別控除の額の内訳	住宅借入金等特別控除適用数	1	居住開始年月日（1回目）	26 5 26	住宅借入金等特別控除区分（1回目）	住(特)	住宅借入金等年末残高（1回目）		21,614,095	
	住宅借入金等特別控除可能額	216,100	居住開始年月日（2回目）		住宅借入金等特別控除区分（2回目）		住宅借入金等年末残高（2回目）			
（源泉・特別）控除対象配偶者	（フリガナ）ヤマダ ハナコ 氏名 山田　花子		区分	配偶者の合計所得 0	国民年金保険料等の金額	円	旧長期損害保険料の金額	0 円		
	個人番号				基礎控除の額	円	所得金額調整控除額	円		

控除対象扶養親族	1	（フリガナ） 氏名	区分	16歳未満の扶養親族	1	（フリガナ） 氏名	区分	6人目以降の控除対象扶養親族の個人番号	
		個人番号				個人番号			
	2	（フリガナ） 氏名	区分		2	（フリガナ） 氏名	区分		
		個人番号				個人番号		5人目以降の16歳未満の扶養親族の個人番号	
	3	（フリガナ） 氏名	区分		3	（フリガナ） 氏名	区分		
		個人番号				個人番号			
	4	（フリガナ） 氏名	区分		4	（フリガナ） 氏名	区分		
		個人番号				個人番号			

未成年者	外国人	死亡退職	乙欄	本人が障害者		寡婦	ひとり親	勤労学生	中途就・退職				受給者生年月日			
				特別	その他				就職	退職	年	月	元号	年	月	日
													昭和	55	04	01

支払者	個人番号又は法人番号					
	住所（居所）又は所在地	東京都千代田区皇居外苑１−１−１				
	氏名又は名称	株式会社ＡＢＣ			（電話）03	−1111-1111

（摘要）に前職分の加算額、支払者等を記入してください。

給与支払報告書（個人別明細書）

左欄には、控除の対象となる配偶者や扶養親族がいる場合、その氏名、個人番号（マイナンバー）を記入。右欄には、16歳未満の扶養親族がいる場合、同様の情報を記入

給与を支払う人・会社の個人番号（マイナンバー）・法人番号、住所、氏名・社名を記入

源泉徴収票から「給与所得の源泉徴収票等の法定調書合計表」を作成する

支払者の住所、事業者名、マイナンバーまたは法人番号、代表者名を記入

法定調書の種類ごとに、新規に提出する場合は「1」、追加で提出する場合は「2」、訂正分を提出する場合は「3」、無効のものを提出する場合は「4」を記入

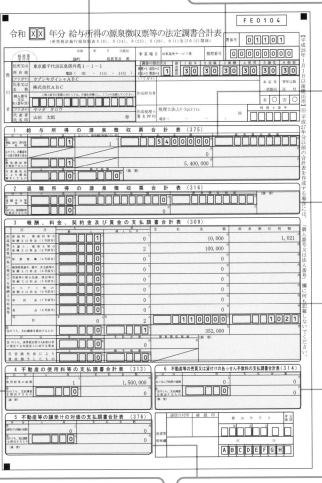

給与所得の源泉徴収票をもとに、すべての従業員へ支給した給料と源泉徴収税額の総額を記入する

退職者がいた場合、退職所得の源泉徴収票をもとに、支払った退職金等と源泉徴収税額の総額を記入する

報酬、料金、契約金および賞金の支払調書をもとに、種類ごとに支払った金額と源泉徴収税額の総額を記入する

不動産の売買又は貸付けのあっせん手数料の支払調書をもとに、その総額等を記入する

不動産の使用料等の支払調書をもとに、使用料の総額等を記入する

不動産の譲受けの対価の支払調書をもとに、その総額等を記入する

源泉徴収票と法定調書とともに、この法定調書合計表を税務署に提出して、1年間の源泉徴収手続きが完了です

毎年行う仕事❾
償却資産申告書

1月は法定調書や給与支払報告書など、年に1回行う業務が目白押しです。
その最後の1つが償却資産申告書です。

🏢 1月1日時点で保有している固定資産を申告する

　償却資産とは、会社が保有している固定資産のうち、土地や家屋などの不動産やソフトウェアなどの無形固定資産、自動車税の課税対象となる自動車を除いたものです。償却資産の保有に対して償却資産税が課されるので、**毎年1月1日に保有している償却資産を都道府県に申告する必要があります。**

　償却資産申告書（→P.206～208）は、**毎年1月31日までに提出をします。納税は毎年6月、9月、12月、翌年2月の4回に分けて行います。**納付書自体は1年分まとめて5月末から6月初旬に郵送されてきますので、納期前に納付しても問題ありません。

償却資産の対象となるもの、ならないもの

土地、建物、ソフトウェア、自動車など

構築物、機械・装置、工具器具備品など

対象にならないもの	対象になるもの
●土地、建物（固定資産税の対象となるため）。 ●自動車、軽自動車（自動車税の対象となるため）。 ●特許権、実用新案権、商標権、意匠権などの無形固定資産。 ●耐用年数1年未満、または10万円未満で費用計上、取得価額20万円未満で3年間の一括償却を行った資産。	●中小企業者の少額資産の特例を適用した、30万円未満の資産。 ●減価償却を行っていない資産。 ●現在使用していない資産でも事業用のもの。

204

償却資産の対象は正確に把握する

　償却資産は、取得価額 10 万円以上のものが対象となります。この金額は税抜経理（→ P.188）であれば、消費税を抜いたあとの金額で判断します。つまり、購入金額が 10 万円以上でも、税抜で 10 万円未満の場合は対象外となります。

　また、取得価額 20 万円未満で、3 年間の一括償却を行った資産も対象外となります。

　こうして、**対象となる資産の残存価額（取得価額から減価償却を除いた金額）が 150 万円を超えた場合に償却資産税が課税されます。**

償却資産の申告と計算方法

償却資産の申告　毎年 1 月 1 日現在所有している償却資産。

支払期限　1 月 31 日。資産がある市区町村に申告する。東京 23 区の場合は都税事務所。

$$\boxed{税\ \ 額} = \boxed{課税標準額} \times \boxed{税率（100 分の 1.4）}$$

（課税標準額が 150 万円未満の場合は非課税）

償却資産申告書は 3 枚作成する

- → 償却資産申告書（償却資産課税台帳）……P.206
- → 種類別明細書（増加資産・全資産用）……P.207
- → 種類別明細書（減少資産用）……P.208

償却資産申告書（償却資産課税台帳）の記入例

個人の場合は事業を開始した年月を、法人は設立年月を記入する

事業の内容を具体的に記入する

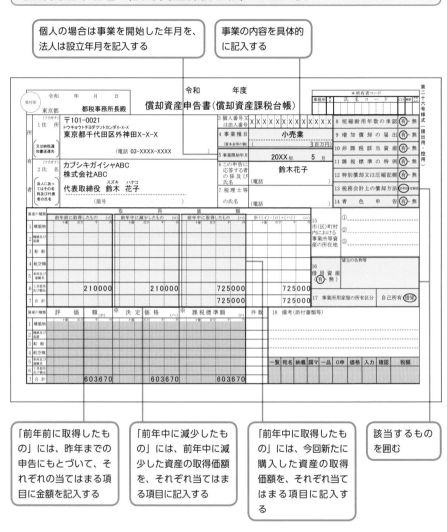

「前年前に取得したもの」には、昨年までの申告にもとづいて、それぞれの当てはまる項目に金額を記入する

「前年中に減少したもの」には、前年中に減少した資産の取得価額を、それぞれ当てはまる項目に記入する

「前年中に取得したもの」には、今回新たに購入した資産の取得価額を、それぞれ当てはまる項目に記入する

該当するものを囲む

種類別明細書（増加資産・全資産用）の記入例

資産の種類を番号で記入する

番号	資産の種類
1	構築物
2	機械および装置
3	船舶
4	航空機
5	車両および運搬具
6	工具、器具及び備品

資産を取得した事由について、当てはまる番号を囲む

番号	増加事由
1	新品取得
2	中古品取得
3	移動による受け入れ
4	その他

資産の名称などを20文字以内で記入する

種類別明細書のページ数を記入

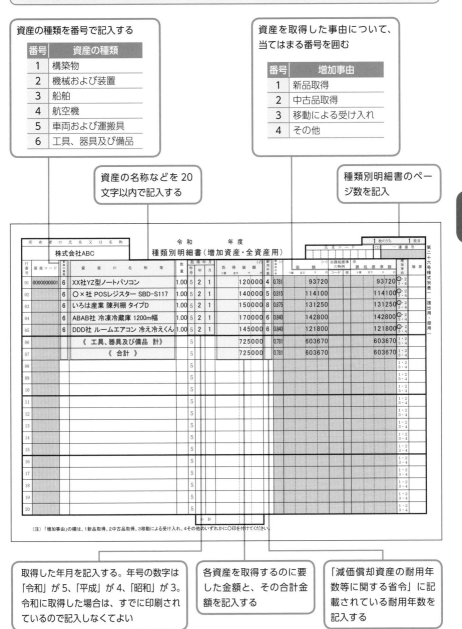

取得した年月を記入する。年号の数字は「令和」が5、「平成」が4、「昭和」が3。令和に取得した場合は、すでに印刷されているので記入しなくてよい

各資産を取得するのに要した金額と、その合計金額を記入する

「減価償却資産の耐用年数等に関する省令」に記載されている耐用年数を記入する

種類別明細書（減少資産用）の記入例

「1」か「3」を○で囲む。「1」は行番号単位で資産が全部減少した場合。「3」は資産の一部が減少した場合、または資産の一部を修止する場合

資産の名称などを20文字以内で記入する

資産の一部が減少した場合は、欄内の下の段に減少後の取得価額を記入する

※この欄には記入しない

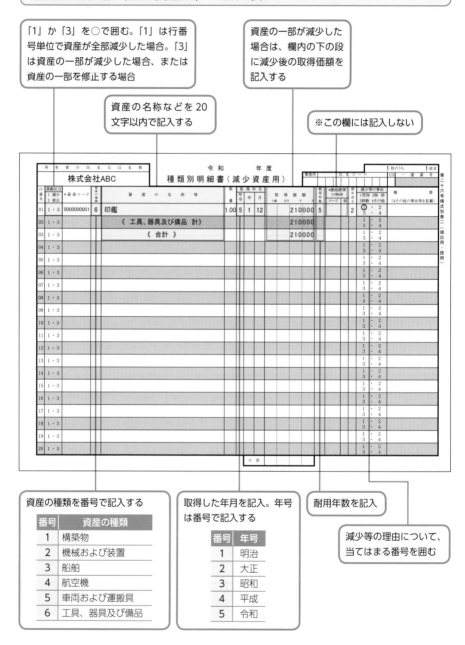

資産の種類を番号で記入する

番号	資産の種類
1	構築物
2	機械および装置
3	船舶
4	航空機
5	車両および運搬具
6	工具、器具及び備品

取得した年月を記入。年号は番号で記入する

番号	年号
1	明治
2	大正
3	昭和
4	平成
5	令和

耐用年数を記入

減少等の理由について、当てはまる番号を囲む

第6章

会社の数字を経営に活かす

会社の経営に携わる立場であれば、簿記の知識をもって決算書の数字を正しく読みとることが大切です。その基礎として、損益計算書と貸借対照表の見方を知りましょう。

決算書は会社の成績を表したもの

期末の決算書や月末の試算表はつくって終わり、ではありません。よりよい経営のために活用できるようになりましょう。

正確な試算表ができていることが重要

　これまで経理の主な仕事として、毎日の仕訳や月や年で行う仕事について説明してきました。ここからは、作成した試算表や決算書の活用について見ていきます。本書では、財務諸表の分析にまではふみ込まず、基本的なポイントに絞って説明します。

　まず、試算表や決算書を活用するうえで重要なのは、それぞれの書類の数字が正確であることです。どれだけ高度な分析スキルを駆使しようと、そのもとになる書類の数字が正確でなければ意味がありません。まずは、これまで説明してきた基礎を大切にしましょう。

あるべき試算表の姿をイメージして正確性をチェック

　試算表や決算書は、経営の成果を数字で表したものです。そのため、これらの数字は、経営の実態とリンクしているはずです。たとえば、売上よりも売上原価が大きければ、何か処理がおかしいと気づくべきですし、いつもより原価率が高く出ていれば、何かの処理が漏れているのかもしれません。

　ただ数字を入力するだけではなく、経営の姿を数字で表現しているのだという意識をもつことが、経理として成長していくために必要です。

　「木を見て森を見ず」という言葉がありますが、仕訳の1つひとつに気をとられすぎると、その総まとめである決算書全体を見る作業がおろそかになることがあります。そうしたときに1つ上の視点で、決算書の数字が正し

いかをチェックする姿勢が重要です。**自社のビジネスを理解して、ビジネススタイルから、どのような試算表・決算書がつくられるべきなのかをイメージしながら、チェックしていきましょう。**

試算表や決算書を理解する

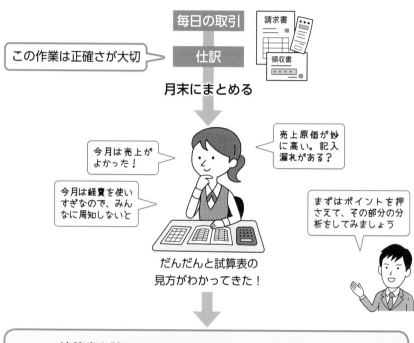

毎日の取引

仕訳

この作業は正確さが大切

請求書
領収書

月末にまとめる

今月は売上がよかった！

今月は経費を使いすぎなので、みんなに周知しないと

売上原価が妙に高い。記入漏れがある？

まずはポイントを押さえて、その部分の分析をしてみましょう

だんだんと試算表の見方がわかってきた！

決算書を読みとけるようになる

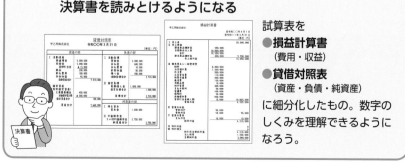

試算表を
● **損益計算書**
　（費用・収益）
● **貸借対照表**
　（資産・負債・純資産）
に細分化したもの。数字のしくみを理解できるようになろう。

損益計算書の構造と見方

決算書の1つである損益計算書は、仕訳の5つのグループのうち収益と費用からなるものです。構造と見方を学びましょう。

損益計算書は5つの段階で構成される

収益から費用を差し引いたものが、利益（損失）です。差し引いてプラスになる場合は**利益**、マイナスになる場合は**損失**といいます。

仕訳を積み上げることで形づくられる損益計算書には、**5段階の利益**があります。損益計算書の各勘定科目が、それぞれの利益の段階に振り分けられます。損益計算書に記載されたすべての勘定科目は、いずれかの利益の計算にかかわってくるのです。

第1段階 売上総利益

売上総利益 ＝ 売上高 － 売上原価

第1段階の利益は、**売上総利益**です。上記の式で求められます。売上原価とは、売上を上げるために直接かかった費用です（→ P.96）。材料費など、売上と直接ヒモづいている費用が入ります。粗利と呼ばれることもあります。自社の商品やサービスそのものから得られる利益と捉えておきましょう。

ココを見る！ 通常、売上総利益はマイナスにならない

万が一、売上総利益がマイナス（売上総損失）になるということは、110円で仕入れて100円で販売しているようなものです。ビジネス自体が成り立っていないといえます。通常は考えられませんので、もし損益計算書上、売上総損失になっている場合、どこかに間違いがあるのかもしれません。その場合は、仕訳を見直してみましょう。

損益計算書の構造

損益計算書

ABC 株式会社

自令和○○年 4 月 1 日
至令和 XX 年 3 月 31 日
（単位：円）

Ⅰ	売上高		25,000,000
Ⅱ	売上原価		
	期首商品棚卸高	250,000	
	当期商品仕入高	10,000,000	
	合計	10,250,000	
	期末商品棚卸高	300,000	9,950,000
	売上総利益		**15,050,000**
Ⅲ	販売費及び一般管理費		
	給料	8,000,000	
	法定福利費	1,200,000	
	外注費	500,000	
	広告宣伝費	110,000	
	旅費交通費	200,000	
	通信費	120,000	
	消耗品費	10,000	
	地代家賃	300,000	
	支払手数料	70,000	
	会議費	100,000	
	減価償却費	30,000	10,640,000
	営業利益		**4,410,000**
Ⅳ	営業外収益		
	受取利息	10,000	10,000
Ⅴ	営業外費用		
	支払利息	200,000	200,000
	経常利益		**4,220,000**
Ⅵ	特別利益		
	固定資産売却益	50,000	50,000
Ⅶ	特別損失		
	固定資産売却損	150,000	150,000
	税引前当期純利益		**4,120,000**
	法人税等		1,200,000
	当期純利益		**2,920,000**

- 売上総利益 … 第 1 段階の利益
- 営業利益 … 第 2 段階の利益
- 経常利益 … 第 3 段階の利益
- 税引前当期純利益 … 第 4 段階の利益
- 当期純利益 … 第 5 段階の利益

損益計算書はこの「報告式」が一般的です

第 6 章　会社の数字　損益計算書の構造と見方

213

第2段階 営業利益

営業利益 ＝ 売上総利益 － 販売費及び一般管理費

　売上総利益から、**販売費**や**一般管理費**を差し引いたものが**営業利益**です。販売費とは、商品の配送料や広告費など販売のために要した費用をいいます。一般管理費とは、人件費や家賃、旅費交通費などの諸費用をいいます。売上原価以外の経費をまとめて、**「販売費及び一般管理費」**として、損益計算書に表示されます。

ココを見る！ | 営業利益がビジネス成立の境目！

　自社の商品やサービスを販売するには、いろいろな経費がかかります。その諸経費を差し引いたものが営業利益です。自社の商品・サービスそのものの価値といえる売上総利益がプラスになるのは基本的なことですが、営業利益がプラスとなって初めてビジネスとして成り立っているといえます。

第3段階 経常利益

経常利益 ＝ 営業利益 ＋ 営業外収益 － 営業外費用

　経常利益は、営業利益と**営業外収益**から**営業外費用**を差し引いたものです。

　営業外収益とは、預金などで受けとった利息（受取利息）などが含まれます。営業外費用とは、借り入れをしている場合に支払った利息（支払利息）などが含まれます。また、会社の余剰資金を株などの投資に回している場合には、投資関連の科目（配当金や売買差益や売買手数料など）も含まれます。

　いずれも営業活動とは関係なく、主に借り入れや投資といった財務活動で発生してくるものが中心です。「営業外」というだけあって、該当する勘定科目は多くありませんし、金額もそれほど大きくありません。ただし、とくに金融機関からの借入金をもとにビジネスを拡大しているような会社では、支払利息が大きくなることもあります。

営業利益がプラスでも、その営業活動を支えるための借入金の対価である利息の支払額が多くなっていては、経常利益は赤字、つまり経常損失になることもあり得ます。経常損失は、せっかく営業活動で上げた利益が利息の支払いに消えていくような状態です。経常利益まで出していれば、会社の経営が成り立っているといえます。

第4段階 税引前当期純利益

税引前当期純利益 ＝ 経常利益 ＋ 特別利益 ー 特別損失

税引前当期純利益とは、経常利益と**特別利益**を足したものから、**特別損失**を差し引いたものです。**特別利益や特別損失とは、一時的に発生した損益が該当します。**たとえば、会社で保有する固定資産を売却したときの利益や、固定資産を廃棄したときの費用などがあります。ほかにも、突発的に発生するような損益を計上します。

突発的な勘定科目なので、企業本来の活動で収益を上げられているかどうかを測る経常利益の計算とは切り離して、損益計算書にも表示されます。

第5段階 当期純利益

当期純利益 ＝ 税引前当期純利益 ー 法人税、住民税及び事業税

当期純利益は、最終的な会社の利益です。税引前当期純利益から、会社の利益にかかる税金を差し引いて計算します。

当期純利益はプラスであることが当然望ましいです。さらにいえば、プラスかマイナスかを見るだけではなく、プラスであっても、想定した利益が確保できているかということを確認することが重要です。想定した利益にとどいていなければ、その理由を分析し、次期以降に活かすのです。

貸借対照表の構造と見方

貸借対照表は、資産・負債・純資産の3つのグループからなります。会社の財政状態を示す決算書です。構造と見方を学びましょう。

貸借対照表は3つのブロックで構成される

貸借対照表は資産の部、負債の部、純資産の部の3部からなります。**通常は左側に資産の部、右側に負債の部と純資産の部という構造になっています。**

| 資産の部 | 負債の部 |
| | 純資産の部 |

運用欄
会社の資金やモノをどのように運用しているか。

調達欄
会社の資金やモノをどのように調達したか。

運用欄と調達欄は同じ金額になる
同じにならないときは、どこかで集計が間違っているか、転記の間違いがある可能性が高い。

損益計算書に比べてわかりにくい勘定科目が多いですが、貸借対照表の数字を理解できて初めて、経理として仕事ができます

資産の部は流動資産・固定資産・繰延資産の3つ

資産の部は、さらに流動資産・固定資産・繰延(くりのべ)資産の3つに区分されます。

流動資産 現金・預金、1年以内に現金化（または費用化）できる資産。

固定資産 1年以内に現金化（または費用化）する予定がない資産。

繰延資産 本来は費用であるが、一時的に貸借対照表上にストックされている数字上の資産。

固定資産は、さらに機械や車両といった**有形固定資産**、ソフトウェアなどの**無形固定資産**、子会社株式などの**投資その他の資産**に分かれます。

現金化は言葉の通りですが、費用化というのは簿記特有の考え方です。これは前払費用（→ P.100）のように、支払時期と費用を計上するタイミングにずれがある場合、**一時的に貸借対照表に計上しておいた勘定科目を、いつ費用に計上するかというタイミングのこと**を指します。

この中で会社経営においてもっとも重要なのは、流動資産です。お金がないと経営が成り立ちませんし、お金があれば投資などにより、積極的に事業を拡大していくことができます。

負債の部は流動負債・固定負債の2つ

負債の部は、さらに**流動負債・固定負債**の2つに区分されます。

流動負債 1年以内に支払う予定（または収益化される予定）の負債。

固定負債 1年以内に支払う予定（または収益化される予定）がない負債。

収益化とは、前受収益を収益に計上することをいいます。前述の資産の費用化と逆の動きになります。

純資産の部は資本金や利益剰余金など

純資産の部に、とくに区分はありません。**内訳としては、株主などの出資者が払い込んだ現金（資本金など）と、会社が積み上げてきた利益（利益剰余金など）に分かれています。**会社の資金調達に関するものなので、調達欄、つまり貸借対照表の右側に表示されます。

実務のツボ

貸借対照表に簿記特有の考え方が詰め込まれている

経理の仕事においては損益計算書以上に、貸借対照表の勘定科目を使いこなすことが重要です。それにより、簿記の世界を理解しているかがわかります。前払費用や前受収益などの勘定科目は、現金の動きで考えてしまうと理解するのがむずかしくなります。しかし、資産や負債といった貸借対照表の構造が理解できれば、それらの勘定科目の意味がつかめるようになります。

貸借対照表の構造

ABC 株式会社

貸借対照表
令和〇年 3 月 31 日

(単位：円)

資産の部			負債の部		
I　流動資産			I　流動負債		
普通預金	5,000,000		買掛金	2,000,000	
売掛金	2,000,000		未払金	300,000	
前払費用	80,000		預り金	250,000	
流動資産合計		7,080,000	流動負債合計		2,550,000
II　固定資産			II　固定負債		
（有形固定資産）			長期借入金	1,000,000	
工具器具備品	450,000		固定負債合計		1,000,000
減価償却累計額	▲130,000				
（無形固定資産）			負債合計		3,550,000
ソフトウェア	800,000				
商標権	300,000		純資産の部		
（投資その他の資産）			I　株主資本		
投資有価証券	1,000,000		資本金	1,000,000	
敷金	500,000		資本準備金	1,000,000	
固定資産合計		2,920,000			
			II　利益剰余金		
資産合計		10,000,000	その他利益剰余金	4,450,000	
			純資産合計		6,450,000

運用欄

調達欄

貸借対照表はこの「勘定式」
が一般的です

貸借対照表の右と左の関係をつかむ

　貸借対照表の右（負債＋純資産）と左（資産）の関係は、**右が資産を形づくった現金の調達方法を表し、左が調達した現金をどのように運用している**かということを表しています。

　会社の資金を形づくるのは、以下の3つの方法があります。

　❶**株主などの投資家から現金を集める。**
　❷**事業そのものの利益を積み上げる。**
　❸**金融機関などから借り入れる。**

　このうち、①と②の方法で集めた現金は純資産の部に表示され、③の方法で集まった現金は負債の部に表示されます。そして、集まった資金は、現金や預金のままであることもあれば、固定資産に姿を変えることもあります。そうした資金の運用の形は、資産の部に表示されます。

ときには借入金による資金調達も重要になる

　3つの調達方法の中で、会社にとってもっとも望ましいのは②の利益を積み上げる方法です。借り入れであれば利息が発生しますし、出資を受ければ利益次第で配当の支払いが発生します。

　とはいえ実際の経営では、借り入れなどによって資金を調達して投資を行い、さらに利益を生み出す流れも大切です。たとえば、ソフトウェアの開発では、他社に先駆けて開発を完了し、市場で販売することが成功のカギです。そのためには人件費をはじめ、多額の開発費がかかります。その場合、金融機関からの借り入れや、投資家からの出資の受け入れにより、手元の資金を充実させて開発を早期に完了させることが重要となります。

　日常的な感覚では、借金というとマイナスのイメージがありますが、会社経営における借入金は、利益を生み出していくための資金源として重要な役割を果たすのです。

損益分岐点の考え方

決算書の数字を用いた代表的な分析方法として、損益分岐点があります。
利益が出る境目となるポイントを分析するものです。

まずは費用を分解する

　損益分岐点とは、利益が出るかどうかの境目となるポイントをいいます。損益分岐点の考え方を使えば、どれだけの商品を販売すれば黒字になるのかを計算できます。損益分岐点における売上高を、**損益分岐点売上高**といいます。**損益分岐点売上高とは、利益がちょうど０円になる売上高のことです。利益になるか、損失になるかの境目となる売上高といえます。**とくに一般消費者に対し、たくさんの商品を売るような業種において有効な考え方です。

　損益分岐点を求めるには、まず費用を固定費と変動費に分解することが必要です。固定費とは、売上にかかわらず発生する費用のことです。たとえば、給料や家賃などが当てはまります。いずれも売上が上がらないからといって

損益分岐点売上高の考え方

損益分岐点

A社　変動費：売上１個あたり 5,000 円
　　　固定費：100 万円

商品の販売数が 100 個の場合
変動費：5,000 円× 100 個＝ 50 万円
固定費：100 万円
合　計　150 万円

変動費
50万円

固定費
100万円

売上高
150万円

売上高が 150 万円で
利益がちょうど 0 になる。

売上高　÷　販売数　＝　販売単価
150 万円 ÷ 100 個＝ 15,000 円　なので、

商品 1 つあたりの販売単価を 15,000 円とした場合、
商品を 101 個販売した時点から利益が生まれる。

支払わない、というわけにはいかないものです。一方、変動費とは売上に応じて発生する費用のことをいいます。たとえば、仕入や外注費などです。

この考え方で、売上原価と販売費及び一般管理費を、変動費と固定費に分解します。ここに営業外費用（→ P.214）を加える考え方もあります。

これまでは取引の内容に応じて勘定科目を割り振ってきましたが、損益分岐点の計算では、各勘定科目を固定費と変動費に分ける計算をします。分けるのは費用なので、損益分岐点の計算で使用するのは損益計算書だけです。

損益分岐点売上高を下げる方法

損益分岐点売上高は、ちょうど利益が0円になる境目のポイントです。ということは、**できるかぎり損益分岐点売上高を下げれば、少ない販売数量でも利益を出せるようになります。**

損益分岐点売上高を下げるポイントは、大きく2つあります。

1つめは、**固定費の削減**です。たとえば、社内業務の一部を外注化することなどで、給料という固定費を外注費という変動費にすることができます。

2つめは、**変動費の低減**です。仕入単価を低くするように交渉したり、安い仕入先を探したりといったことが考えられます。

このあたりの業務は経理ではなく、別の部門の役割になるかもしれませんが、少なくともこうした数字の分析を行うことで、より経営者に近い考え方ができるようになり、スキルアップにつながります。

損益分岐点の分析では、費用を固定費と変動費に分ける

固定費 売上にかかわらず、必ず発生する費用。給料や家賃など。 ← 社内業務の一部を外注化する、効果の薄い広告宣伝費を見直すなどで削減。

費用

変動費 売上に応じて発生する費用。仕入や外注費など。売上原価と同じ。 ← 仕入単価を低くする、在庫管理を徹底するなどで低減。

費用を下げると、損益分岐点売上高も下がり、より少ない売上で利益を出せるようになります！

さくいん

●著者紹介

渋田 貴正（しぶた たかまさ）

2007年、東京大学経済学部卒業。大学卒業後、上場企業である大手食品メーカーや、外資系専門商社で経理部や人事部の業務に従事。経理部では、経費精算から月次決算まで経理の業務を経験。在職中に税理士、司法書士、社会保険労務士の資格を取得。2012年に独立し、司法書士事務所を開設。2013年にV-Spiritsグループに合流。共著書に『トコトンやさしい 決算書の読み方』（ナツメ社）がある。V-Spiritsグループでは資金繰りや会社運営などの経営相談（初回相談無料）を受け付け中。

V-Spirits グループ ホームページ
https://v-spirits-startup.com/

● STAFF

デザイン・DTP：株式会社ウエイド（菅野祥恵、六鹿沙希恵）
イラスト：瀬川尚志
編集協力：株式会社234／パケット
企画・編集：成美堂出版編集部

本書に関する最新情報は、下記のURLをご覧ください。
https://www.seibidoshuppan.co.jp/support/

※上記URLに記載されていない箇所で正誤についてお気づきの場合は、書名・発行日・質問事項（ページ数等）・氏名・郵便番号・住所・FAX番号を明記の上、郵送かFAXで成美堂出版までお問い合わせ下さい。※電話でのお問い合わせはお受けできません。
※ご質問到着確認後10日前後に回答を普通郵便またはFAXで発送いたします。
※本書の正誤に関するご質問以外にはお答えできません。
※ご質問の受け付け期限は2025年6月末日必着となります。

はじめてでもわかる 簿記と経理の仕事 '24〜'25年版

2024年7月30日発行

著　者	渋田貴正（しぶた たかまさ）
発行者	深見公子
発行所	成美堂出版
	〒162-8445　東京都新宿区新小川町1-7
	電話(03)5206-8151 FAX(03)5206-8159
印　刷	株式会社フクイン